LES
CONTEMPORAINS,

OU

PORTRAITS ET CARACTÈRES POLITIQUES DE CE SIÈCLE.

PAR M. GILIBERT DE MERLHIAC,

MEMBRE ET ASSOCIÉ DE DIVERSES SOCIÉTÉS SAVANTES.

. . . . . *Quid rides? Mutato nomine*
De te fabula narratur.
(HORAT., *satyr.* I.)

PARIS,

J. G. DENTU, IMPRIMEUR-LIBRAIRE,
rue des Petits-Augustins (ancien hôtel de Persan), nº 5.

1821.

SE TROUVE AUSSI :

Chez { Le Normant, rue de Seine, n° 8;
Pichard, quai Conti, n° 5;
Ponthieu, Palais-Royal, galeries de bois.

PRÉFACE.

Le titre de cet ouvrage peut faire présumer que mes prétentions sont élevées. Il rappelle naturellement les noms de Théophraste et de La Bruyère, et je sens tout ce qu'un pareil rapprochement peut avoir de désavantageux pour moi. En prenant pour base de mon travail le plan de ces illustres modèles, je n'ai pas eu la présomptueuse ambition de les imiter, encore moins de les égaler. J'ai suivi leur marche, parce que j'ai pensé qu'elle était la seule qui fût convenable au but que je me suis proposé. Les évènemens dérivent du caractère et des passions des hommes; et si en lisant l'histoire on pouvait y trouver en même temps, et dans les moindres détails, les diverses nuances d'intérêts et d'opinions, la situation de l'esprit public, on saisirait bien mieux les causes, les résultats et l'ensemble des faits, et l'on retirerait de l'histoire les seuls fruits qu'on en doit attendre, l'expérience et la sagesse. C'est donc préparer des matériaux, ou plutôt des supplémens précieux à l'histoire, que d'observer et de décrire les mœurs et les caractères de nos contemporains. Cette vérité est trop sensible par elle-même, pour que je croie nécessaire de la développer; mais elle me paraît surtout bien démontrée, lorsque les peuples sont encore agités par les suites de crises violentes.

Les Mémoires particuliers ne peuvent, à mon avis, remplacer le mode d'observation que je propose. Quoique ces écrits soient une ressource importante pour l'historien, ils tendent cependant presque tous à l'apologie de leurs auteurs, et les évènemens y circulent autour d'un seul individu. Les Mémoires sont d'ailleurs communément empreints de l'esprit de parti; on peut y démêler le caractère et les projets d'un homme ou d'une faction, y trouver beaucoup d'anecdotes, mais un très-petit nombre d'observations impartiales et profondes. Telles sont les réflexions qui m'ont conduit à l'idée de cet ouvrage, et à défaut de talent, ma position particulière me donnait au moins quelques droits à l'entreprendre. Je ne possède et ne désire ni places ni emplois; je me suis appliqué à observer le monde, et je l'ai quitté de très-bonne heure pour vivre dans la solitude; c'est assez dire que je suis affranchi de toute influence. Le reproche banal de tergiversation dans mes opinions ne peut m'être adressé avec justice; celles que je professe aujourd'hui sont les mêmes que je développe dans mes précédens ouvrages, et notamment dans mon *Essai comparatif entre Pitt et Richelieu*, auquel le public a bien voulu faire un accueil distingué. Je n'attaque ici que des opinions ou des ridicules; je veux être non le juge, mais l'observateur de mes contemporains, et je ne me permets point de personnalités; je n'écris pas non plus pour les circonstances; celles qui m'ont servi à apprécier les hommes et à tracer les traits distinctifs de leurs caractères, seront peut-être passées lors de la publication de cet ouvrage; mais elles appartiendront toujours à l'histoire et aux méditations de l'esprit philosophique. Cela suffit pour m'assurer que mes intentions ont un but utile; reste à savoir si mon ouvrage les remplit bien : le public en jugera.

LES

CONTEMPORAINS,

OU

PORTRAITS ET CARACTÈRES POLITIQUES DE CE SIÈCLE.

CHAPITRE PREMIER.

Les Philosophes et les Écoliers.

DEPUIS que les sophistes ont déshonoré la philosophie, le nom de *philosophe* est devenu, par un étrange renversement d'idées, synonyme de *révolutionnaire;* cependant La Rochefoucauld, Fénélon, La Bruyère, saint François de Sales, étaient des philosophes, et la postérité ferait injure à leur mémoire en les privant de ce titre honorable : les peuples anciens ont été, sous ce rapport, plus sages que nous; ils méprisaient trop les sophistes pour leur donner le nom de *philosophes*, et ils honoraient trop la philosophie pour y attacher l'idée de l'erreur et de l'orgueil. Les athées et les sophistes ne pourraient-ils pas essayer d'introduire dans notre langue les mots *fanatisme*, *cruauté, hypocrisie*, comme absolument synonymes avec *religion*, *piété* et *dévotion?* Non, ils ne le feront pas, parce que les choses qu'ils voudraient profaner ainsi sont hors du pouvoir des hommes. Ces athées et ces sophistes ne sont-ils pas d'ailleurs assez glorieux de se voir associés, dans l'opinion vulgaire, avec la philosophie.

On doit juger un homme par le sens qu'il attache aux mots dont il se sert pour exprimer ses sentimens et ses idées ; on a le droit de lui en demander compte ; et si l'on avait suivi cette règle depuis trente ans, nous n'aurions pas été dupes ou victimes d'une infinité de charlatans ; il est donc à propos de définir ce qu'il faut entendre par *philosophe*.

Je donne ce titre à l'homme qui cherche la vérité plutôt dans sa conscience que dans sa raison, et qui ensuite emploie les facultés de son esprit à éclaircir, à prouver, à étendre les révélations de sa conscience. Cette dernière doit toujours lui servir de but ; il faut qu'il ne la perde pas de vue, et qu'il lui rapporte tous ses travaux : notre conscience est la seule parcelle de lumière sans nuage que Dieu nous a laissée dans ce monde, ou plutôt dans ce domaine de l'erreur ; mais elle est suffisante à la découverte de la vérité. Le philosophe, en faisant de ce sanctuaire le centre de ses observations, ne s'égarera jamais dans le labyrinthe d'une raison orgueilleuse, qui souvent, d'écarts en écarts, et par une inconséquence que j'appelle *admirable,* finit par se méconnaître elle-même, et croit avoir étendu les bornes de l'entendement humain en abaissant l'homme au rang des brutes ou d'une manière inerte et périssable. Celui que j'appelle *philosophe* ne procède point ainsi; il interroge sa conscience; et le premier sentiment qu'il y découvre, c'est l'existence de la Divinité : de l'auteur, il passe aux ouvrages; et plus il étudie les harmonies de la nature, plus il voit, il admire, il aime le Créateur; il examine ensuite, sous le rapport du culte, quelles sont les religions dont la cosmogonie, les dogmes et les préceptes concordent le mieux avec les lois générales de la nature, avec la dignité de Dieu et de l'homme, et les élémens de l'état social. Le philosophe, à mesure qu'il observera le spectacle de la création, et qu'il s'étudiera lui-même, reconnaîtra que toutes les religions, à l'exception d'une seule, n'offrent sur ces importans sujets que des absurdités ou des infamies qui répugent également à la conscience et au bon sens. Il sentira qu'au temps de Moïse, Dieu seul connaissait et pouvait révéler les lois de la nature; que tous les systèmes des sophistes ont échoué devant les harmonies physiques des livres hébreux, et que plus les sciences se perfectionnent, plus la cosmogonie de Moïse acquiert de force (1)

(1) Un des argumens que les matérialistes regardent comme des dilemmes victorieux est celui-ci : « On ne « peut s'empêcher d'avouer que nous ignorons encore « jusqu'où s'étendent toutes les propriétés et les modi-« fications dont la matière est susceptible, donc elles « sont infinies. » Mais ce syllogisme est faux dans ses conséquences. Parce que j'ignore jusqu'où s'étendent les propriétés de la matière, cela ne prouve nullement qu'elles sont infinies; ensuite, quelle que soit l'étendue de ces propriétés, elles seront toujours homogènes avec leurs principes; c'est là du moins une des lois les plus constantes de cette matière à laquelle vous rapportez votre système; ainsi donc, toutes les modifications de la matière seront matérielles. Supposez qu'une pierre devienne tout ce que vous voudrez : métal, argile, plante ou cristal, ses diverses transmutations ne sorti-

et d'évidence : il reconnaîtra dans la simplicité sublime du style des livres saints, un genre d'éloquence qui n'a aucune similitude avec celle des plus anciens et des plus célèbres écrivains, et qui ne peut appartenir qu'à Dieu. Les prophéties, la position géographique du peuple juif, les étonnantes vicissitudes de cette nation et la situation du genre humain sous l'empire d'Auguste, lui démontreront la vérité et la nécessité d'une régénération religieuse et politique. La lecture de l'Evangile lui prouvera que la Divinité seule pouvait tracer un contrat social aussi parfait, et que les plus heureuses conceptions des plus sages législateurs n'en approchent même pas; il ne trouvera non plus chez aucun peuple, chez aucune secte, des définitions aussi claires, aussi satisfaisantes de l'origine du bien et du mal, de la justice de Dieu et de la liberté des hommes, que celles données sur ces points relevés par l'Eglise

---

ront jamais du domaine matériel, et ne produiront pas un être pensant, parce que les effets sont toujours analogues avec leurs causes; la nécessité où l'on est encore, après trente ans de révolution, de démontrer des vérités aussi simples, est, à mon avis, un phénomène bien extraordinaire, et un des traits distinctifs du caractère de ce siècle.

romaine. Il observera, avec l'histoire, l'origine et les déviations des autres sectes chrétiennes, et s'apercevra facilement que, nées de l'orgueil et errantes sans chef, elles se sont égarées dans un dédale dont tous les chemins conduisent au déisme. En suivant le christianisme dès sa naissance, il reconnaîtra d'abord un miracle évident dans l'établissement de cette religion ; il observera ensuite, qu'à l'aspect de la croix, l'esclavage fut aboli, un culte pur remplaça les orgies du paganisme ; les gouvernemens représentatifs, les établissemens de charité, le droit des gens, toutes choses dont les anciens n'avaient presque aucune idée, furent les fruits de l'Evangile. A la vue de tant de merveilles, le philosophe concevra sans peine que la sagesse des hommes était incapable de créer tant de perfections, que toutes ces idées n'avaient pas encore été mises en circulation sur la terre, que le dépôt en était dans le ciel, et que le divin auteur de l'Evangile en fut le généreux dispensateur ; il sentira que l'influence du christianisme est telle que les États sont à jamais préservés de ces tyrans atroces et sanguinaires, si communs dans les anciens Empires ; et qu'enfin, une religion qui, par une suite constante d'analogies, unit étroitement la création au

Créateur, le ciel à la terre, dont tous les dogmes, les institutions et l'influence ont produit et produisent des bienfaits que l'homme seul ne se serait pas procurés à lui-même ; il sentira, dis-je, que cette religion est nécessairement révélée par ce Dieu juste et bon qui a créé l'univers.

Un tel philosophe sera réellement un homme libre, exempt de craintes, de préjugés et de superstition ; il sera fort pour combattre ses passions, et bienfaisant envers ses semblables. Comment, en effet, ne serait-il pas exempt de préjugés, puisque sa foi est fondée sur l'examen le plus judicieux des preuves qui en font la base ? Il croit, parce qu'il a la certitude; il est libre, parce qu'il est affranchi de l'erreur; il est heureux, parce qu'il a satisfait le besoin le plus impérieux de l'homme, celui de voir la vérité ; enfin c'est un vrai philosophe suivant l'acception reçue de toute antiquité, parce que ses méditations l'ont rendu vertueux et savant, et que, comme tel, il est évidemment distingué du vulgaire.

Ce philosophe, en s'attachant aux conséquences de ces principes, aimera, comme citoyen, une liberté sage, qui préserve à la fois le Prince des séductions du pouvoir ou des dangers de la révolte, et qui assure au peuple de solides garanties contre l'arbitraire des agens de l'autorité; il rejettera toutes les institutions politiques qui, sans rien ajouter à la salutaire prépondérance de la couronne, mettent une classe de la société dans la dépendance d'une autre, ou accordent à celle-ci des prérogatives inutiles à la prospérité de l'État, et onéreuses aux sujets; il n'admettra dans la société que les rangs et les distinctions indispensables à la stabilité du trône, nécessaires pour mettre entre le Prince et le peuple d'utiles intermédiaires, pour donner à l'un et à l'autre des défenseurs et des protecteurs accrédités, et présenter au courage, aux vertus et au mérite de généreux motifs d'ambition. Telle sera la politique du véritable ami de la sagesse, parce qu'elle dérive entièrement de l'esprit de l'Évangile; tel sera enfin l'homme qui seul mérite ce titre de *philosophe*, que l'on ne devrait jamais prodiguer à des raisonneurs absurdes et dangereux.

Ne pensez-vous pas comme moi, *Philarque*, et souffrirez-vous enfin que l'on prononce devant vous le nom de *philosophe* dans l'acception que je viens de lui donner? Je l'espère, parce que vous êtes honnête homme; vous avez même un sens droit, et des principes purs; mais ces qualités estimables sont quelquefois dénaturées par le souvenir des persécutions que vous avez souffertes, et des excès de la révolution, qui vous ont dépouillé de votre fortune et de votre rang. Vous avez entendu dire que la philosophie avait causé tous les malheurs de la patrie, et dès lors vous avez conçu une haine immense contre les philosophes; l'exil et l'indigence ne vous ont pas permis de cultiver les dons de l'esprit, et d'achever votre éducation, qui fut très-négligée: vous avez donc, comme chrétien, une foi peu éclairée, et, comme citoyen, des vues politiques très-bornées et tout à fait étrangères à votre siècle. Cependant, l'horreur dont vous êtes pénétré pour l'irréligion, ou plutôt pour les crimes dont elle a été cause, vous affermit dans votre croyance, et le culte sincère que vous rendez à la légitimité, servirait au besoin de frein à l'extension de vos doctrines politiques. Mais croyez-moi, Philarque, descendez en vous-même, et convenez que si vos principes sont vrais, vous leur donnez des conséquences fausses et personnelles. Rappellez-vous l'époque de votre entrée dans le monde, de votre première apparition dans les salons de la capitale...... L'athéisme de Diderot était le bon ton, et les lazzis de Beaumarchais, l'esprit à la mode; vous avez partagé comme un autre ce déplorable aveuglement; et ce malheureux début vous aurait peut-être mis pour toute votre vie au nombre de ces *esprits forts* que vous détestez aujourd'hui; car, vous n'aviez pas alors assez de lumières pour apercevoir l'ignorance et la mauvaise foi, qui sont le caractère distinctif des écrits de nos sophistes. Une catastrophe épouvantable, les éclats de la foudre ont dessillé vos yeux, la Providence a cru devoir se servir de ce terrible remède pour guérir une société gangrénée d'ignorance et de folie. Aujourd'hui vous donnez dans des excès totalement opposés. La clémence, la tolérance, une sage égalité dans les droits politiques, la liberté, toutes choses dont vous étiez l'ardent panégyriste dans les soupers et les réunions du beau monde de la capitale, sont autant d'expressions qui aujourd'hui vous font tressaillir d'horreur. Cela prouve, Philarque, qu'avant la révolution comme à présent, vous n'entendiez rien à ces matières-là. En 1788, vous étiez sophiste par mode, et toute votre philosophie ne vous empêchait pas d'être fort assidu au petit lever et aux voyages de Marly; vous n'imaginiez rien de plus important que l'étiquette d'un bal de cour, rien de plus désirable qu'un cordon bleu, et de plus satisfaisant que la réputation d'homme à bonnes fortunes. Aujourd'hui que l'âge et de longs malheurs ont flétri vos traits, que l'indigence a aigri votre caractère, vous proscrivez par humeur ce que vous avez adopté par frivolité; vous gémissez sur la perte de votre fortune, et ces regrets influent sur votre système politique. Les leçons de l'expérience n'ont pas été sans doute tout à fait vaines pour vous. Je crois que votre retour sincère à la religion et aux mœurs en a été le fruit; mais ce qui me prouve que ces leçons n'ont point agrandi la sphère de vos idées, c'est la fausseté évidente de vos raisonnemens politiques. Il m'est permis alors de penser que, sous ce rapport, le temps et les circonstances se sont écoulés devant vous sans mûrir ou éclairer votre esprit, et que des vues purement personnelles dirigent, même à votre insu, votre manière de voir. Je hais la philosophie, dites-vous; cela est très-bien, si, par ce mot, vous entendez les sophistes; mais à vos yeux, le savant, l'homme de lettres, le sage publiciste sont des êtres pernicieux qui, selon vous, habituent le peuple à se livrer à un examen téméraire des bases fondamentales de la religion et du pouvoir; c'est prendre l'abus de la chose pour la chose même; et vous ne démentirez pas l'expérience de toutes les nations, qui ont retiré les plus grands bienfaits de la culture des lettres et des sciences.

Afin de vous livrer sans contradicteurs au développement de vos idées favorites, vous ne voyez et ne fréquentez que des personnes dont les opinions sont absolument conformes aux vôtres; vous vous livrez, dans ces réunions, à la discussion de projets extravagans, et surtout vous rapportez à vous seul la censure amère que vous faites de tous les actes du gouvernement; ils ne sont à vos yeux qu'une série continuelle d'erreurs, d'ingratitude et de faiblesse. Malgré votre aversion pour les gens de lettres, il en est cependant deux ou trois dont les écrits vous plaisent, parce que vous y voyez, ou plutôt vous croyez y voir l'expression manifeste ou sous entendue de vos propres sentimens; un instinct malheureux vous dirige ou vous égare dans vos liaisons ou vos ruptures avec vos amis; vous professez une aversion profonde pour les révolutionnaires; vous tenez au rang de la naissance, non par fierté, mais parce que vous croyez plus nécessaire que jamais de ranimer ces sortes d'idées, et cependant je vois journellement chez vous un homme de la plus basse extraction, et que le bruit public accuse d'anciens excès révolutionnaires assez graves. D'où vient cette inconséquence? C'est que cet homme, repoussé en 1815 par ses pareils, qui voulaient réveiller la révolution, et ne pas commencer par l'avilir, s'est déclaré royaliste fougueux; mais il a déshonoré ce titre en donnant à la légitimité les seuls gages que ses habitudes perverses mettaient à sa portée, des espionnages, des délations et des calomnies. Vous croyez pourtant, Philarque, en distinguant cet homme, offrir une preuve de votre impartialité politique : vous n'en donnez que de votre maladresse. D'un autre côté, je vois Clitandre, votre parent; vous aimiez ce jeune homme, vous en disiez tout le bien possible. Pourquoi donc aujourd'hui ne lui rendez-vous même plus le salut? pourquoi la porte de votre maison lui est-elle fermée? Aurait-il cherché à séduire votre fille? aurait-il tenu sur vous des propos diffamans? Non, Clitandre est jeune, mais il est sage et modeste; il a des mœurs, de la bravoure, et il est généralement estimé. Pourquoi donc est-il dans votre disgrâce? C'est qu'il s'est permis de faire, en présence de vos amis et de vous, l'éloge de son colonel, militaire distingué par ses services, mais dont il vous plaît de suspecter l'opinion, et que, par un mouvement plus généreux que réfléchi, mais excusable chez un jeune homme, il a fortement approuvé le *titre six* de la loi de recrutement. Voilà Clitandre perverti; *il pense mal,* et vous ne le connaissez plus. Jusqu'où ne poussez-vous pas, Philarque, cette préférence exclusive que vous prétendez donner aux gens qui *pensent bien!* Depuis l'humble *artiste* qui nettoie votre chaussure, jusqu'aux fournisseurs de votre maison, votre premier soin, avant de vous en servir, est de demander comment ils *pensent.* Ce n'est point là une persévérance honorable dans de bons principes, mais de l'esprit de parti; or, un pareil esprit tend non seulement à détruire le patriotisme et l'industrie, mais encore à produire de funestes dissensions; il corrompt même les plus doux sentimens de la nature, et vous en êtes une preuve.

Vous êtes humain, Philarque, votre cœur est sensible, humain, généreux, et cependant les actes de la clémence vous irritent! Qu'un malheureux, justement condamné il est vrai, s'esquive des mains du bourreau, que d'autres prêts à monter sur l'échafaud, obtiennent de la pitié du Monarque la permission de vivre, sur le champ vos yeux s'allument de dépit, vous criez à la perfidie, à la faiblesse ; il semble que vous ayez soif de sang, et, par un raisonnement aussi faux que dangereux, vous demandez pourquoi un Bourbon épargne des gens qui, au temps des troubles, n'auraient épargné personne ; c'est-à-dire que, par une bizarre inconséquence, vous assimilez la marche d'un gouvernement légitime à celle des factions ; et cependant, malgré votre courroux, si vous aviez été juge de ces mêmes hommes dont le supplice vous paraît si nécessaire, le moindre artifice aurait peut-être trompé votre incapacité ; l'idée d'envoyer un de vos semblables à la mort aurait fait chanceler votre faiblesse, et vous auriez sacrifié les intérêts de la justice à de futiles considérations. D'ailleurs, vous ignorez, Philarque, qu'un homme dont la tête tombe sur l'échafaud pour des délits politiques, inspire toujours en ce moment une commisération générale ; ce sentiment est d'autant plus fort, que le coupable a été plus illustre. Les exemples précédens, malheureusement trop nombreux, nous font attacher malgré nous au supplice de ces hommes une idée de réaction. Si le parti de ce malheureux avait triomphé dit-on, son crime n'en serait pas un; il n'y a que les gens éclairés qui conçoivent qu'en tout état de cause, une trahison est un crime énorme qui doit attirer sur son auteur toute la vengeance des lois; mais la multitude ne raisonne pas ainsi; ces sortes d'évènemens, les procès qui en sont la suite, sont hors de sa portée; le supplice d'un criminel d'Etat n'est qu'un spectacle extraordinaire pour elle; il lui inspire plutôt de la pitié qu'une terreur salutaire. Un gouvernement légitime qui n'emploie les rigueurs de la justice qu'autant qu'elles sont nécessaires, n'y a recours que quand la sûreté de l'Etat ou l'atrocité des crimes l'exigent impérieusement. S'il en agissait autrement, il s'assimilerait aux factions et aux usurpateurs qui, poussés par des passions haineuses, et toujours inquiets sur la validité de leurs droits, croient trouver leur sûreté dans cette horrible maxime : Malheur aux vaincus.......! Vous voyez donc, Philarque, que tout en chérissant le gouvernement légitime, vous n'en concevez ni la marche ni la dignité.

Vous vous plaignez de l'ingratitude avec laquelle on a payé vos fidèles services, de l'oubli humiliant dans lequel on a laissé les amis éprouvés de la monarchie, et des places prodiguées avec tant de scandale aux adversaires connus et déclarés de toute légitimité : et moi aussi, Philarque, j'ai gémi comme vous de ce désastreux système, mais je me suis bien gardé de donner à mes plaintes cette couleur séditieuse qui aurait fait prendre à mes opinions un air de famille avec celles des véritables factieux, et qui pouvait persuader au gouvernement que ses prétendus amis n'étaient que des réacteurs dangereux. Plus le ministère était incapable et vain, et moins les outrages des royalistes devaient le ramener dans la ligne monarchique; le bon sens indiquait, au contraire, que de pareils moyens empireraient le mal, et l'expérience l'a prouvé. Pensez-vous, Philarque, que vos amis et vous étiez les seuls qui s'aperçussent de nos dangers ? Non sans doute; une foule de sujets fidèles suivaient en silence, d'un œil inquiet et respectueux, la marche du ministère; ils ne l'injuriaient pas, mais ils étaient prêts à le soutenir de tous leurs moyens, lorsque l'excès de ses fautes et de ses inconséquences l'aurait amené sur les bords de l'abîme dans lequel, croyez-moi, il ne voulait, pas plus que vous, s'engloutir. Non, Philarque, et c'est encore une erreur de votre jugement, le ministère ne trahissait pas le Roi, mais il le servait fort mal ; au lieu de nous plaindre et d'accuser, cherchons plutôt à guérir les plaies de l'État : hélas! elles sont grandes, ces plaies! Des doctrines pernicieuses imprudemment encouragées, des démarches insensées, des lois absurdes ont fomenté la discorde. Une faction hypocrite, ennemie de la légitimité, mais forte des concessions et des adulations du pouvoir, essaie encore d'arriver au despotisme par l'anarchie. Le trône a été insulté, le corps social compromis dans son existence..... Un exécrable parricide..... Ces maux sont grands, j'en conviens ; déférons, si vous voulez, la cause qui les a produits à l'indignation de la postérité et de tous les gouvernemens ; mais ne nous associons pas aux fonctions, en faisant, des désastres publics, les prétextes de notre élévation exclusive ; ayons assez de patriotisme pour n'annoncer d'autre ambition que le bien de l'État, et n'avilissons pas la plus belle cause par des prétentions odieuses et personnelles.

Vous me reprocherez peut-être, Philarque, de partager une erreur commune ; de croire que les royalistes ne peuvent, par leur incapacité, avoir part à la confiance du Roi, qu'ils ont défendu, et auquel ils ont toujours été dévoués. Si j'étais assez malheureux pour professer une telle opinion, l'expérience me démentirait. Ces mêmes royalistes, qui, jusqu'à la restauration, avaient vécu inconnus, ont déployé depuis des talens supérieurs; ils ont prouvé combien les principes de leur cause sont purs et sublimes, en devenant les défenseurs les plus éclairés de la véritable liberté, en même temps qu'ils sont des sujets fidèles et respectueux. Gardez-vous donc bien, Philarque, de vous confondre avec ces royalistes dans les reproches que je vous adresse; ceux-là ont retiré, de l'expérience et de leurs malheurs, les fruits de la sagesse; ils sont au nombre de mes philosophes; vos amis et vous ont de commun avec eux l'amour sincère de la légitimité, mais vous êtes totalement privés de leurs lumières; vous ne voyez, dans la monarchie, que des intérêts personnels et chimériques; mais eux la considèrent telle qu'il est possible de l'établir et de la maintenir pour le bonheur général. Leur influence dans le gouvernement sera toujours un bienfait; mais que le Roi vous appelle au ministère, et bientôt, incapable de résister à mille illusions, perdu dans le labyrinthe des affaires, vous produirez le désordre, et peut-être vous passerez, aux yeux de vos amis, non sans quelqu'apparence de réalité, pour un libéral dangereux. C'est sans doute de cette qualification dont vous me gratifiez. *Il pense mal*, dites-vous ; et cette assertion me prouve encore que vous appréciez aussi *mal* les hommes que les choses, et que vous *pensez* souvent sans réfléchir.

Autrefois, c'était en sortant du collége, en se produisant dans le monde, que l'on cherchait à se donner le ton et le relief *d'esprit fort*, ou, comme on se plaisait à le dire, de *philosophe*. Aujourd'hui l'éducation est plus avancée, et c'est sur les bancs de l'école que l'on pourrait trouver de dignes émules des Diderot ou des Helvétius. Voyez ces élèves de quatrième ou de rhétorique ; permettez-leur de vous exprimer leurs plus secrètes pensées, et bientôt vous apprendrez que le proviseur, les professeurs et les maîtres de quartier de leur collége, exercent sur eux une autorité arbitraire ; que leur mandat est abusif et en contradiction avec la loi naturelle, qui veut que tous les individus puissent librement développer leurs facultés physiques et intellectuelles sans entraves, et suivant leurs inclinations particulières, parce que, disent-ils, la nature saura bien faire concourir chacun vers un but d'utilité générale. Ces messieurs consentiraient pourtant à transiger avec les préjugés du siècle, si on voulait leur reconnaître, mais non pas leur *octroyer*, le droit d'élire librement le proviseur, le censeur et tous les autres titulaires du collége : il faudrait surtout que l'élection fût *directe*, car ils savent déjà fort bien tous ce que les deux degrés ont d'illégal et d'odieux. L'aumônier, objet de leurs plaisanteries philosophiques, serait supprimé comme le suppôt d'un fanatisme gothique et ridicule, et le système des études totalement changé. Ecoutez-les encore, et bientôt vous saurez que le bon sens indique que pour régénérer l'éducation publique, et la réduire à un plan digne de ce siècle éclairé, le Roi n'a rien de mieux à faire que d'adjoindre à la commission centrale un certain nombre d'élèves connus par leur patriotisme, et pris dans toutes les Facultés. Ne serait-il pas même essentiel que le corps des étudians eût des députés dans la Chambre, pour présenter et appuyer les pétitions des écoles? Ne croyez pas que ces jeunes gens manquent d'un certain plan de conduite dans leurs extravagances. Observez-les dans leurs jeux, dans leurs récréations, on y procède comme à l'Assemblée nationale; les moindres projets y sont soumis à de graves délibérations; on y entend parler d'amendemens et de questions préalables, et les motions y sont écartées, comme ailleurs, par l'ordre du jour; il est vrai que ces comices se terminent quelquefois, comme les diètes de Pologne, par de violentes et énergiques péroraisons contre les dissidens; mais n'en serait-il pas de même partout, sans certain décorum auquel on ne se croit pas assujetti au collége? Ces inconvéniens d'ailleurs sont assez rares, car la diversité d'opinions exerce dans les écoles son influence comme dans le monde; chacun se connaît et sait à qui s'adresser pour se lier d'amitié ou de conversation; tel quartier est libéral, tel autre est ultra; dans celui-ci on est ministériel, dans celui-là rien. Remarquez-vous, pendant la récréation, et au milieu de la cour, ces pelotons d'élèves qui causent en se promenant... Ils dédaignent les jeux de leurs camarades; la balle, le cheval fondu, les barres n'ont aucun attrait pour leurs esprits méditatifs; ils causent, ils raisonnent, non sur leurs projets d'amusemens pendant les vacances, et encore moins sur les perfections d'Homère ou de Virgile, mais sur la politique, sur le nouveau projet de loi ou sur la pétition de l'Ecole de médecine. Presque tous ont déjà médité le plan d'une brochure sur les élections ou la liberté de la presse; on en trouverait même l'ébauche ou la préface dans le pupître de quelques-uns. Le génie des Guillaume-Tell et des Francklin semble même animer plusieurs d'entre eux, et leur inspire l'idée de confédérer tous les colléges de France. Laissez-les faire, et bientôt la Teutonia germanique s'organisera depuis les Pyrénées jusqu'au Pas-de-Calais; des correspondances s'établiront entre eux; ils auront aussi leurs comités directeurs, et la jeunesse se procurera des leçons et des lumières bien supérieures à toutes celles de ses professeurs; il est vrai qu'elle en recueillera immédiatement le fruit : des enfans de quatorze ans se suicideront au nom de Rousseau, et trois mille étudians solliciteront à main armée, et au sein de la capitale, la permission d'entendre publiquement l'apologie des doctrines les plus abstraites et les plus dangereuses.

Que pouvons-nous espérer d'une jeunesse ainsi disposée? Peu de chose, sans doute; à moins, ce qui est probable, que l'âge et l'expérience ne mûrissent sa raison; mais ce qui serait bien plus sûr, ce sont les moyens de changer l'esprit de la génération naissante; et ici il se présente un contraste frappant : les hommes qui forment la classe respectable des instituteurs de la jeunesse, sont en général distingués par leurs talens et leur moralité; ils ont même, par une heureuse innovation, introduit dans l'exercice de leurs fonctions cette aménité de manières, cette douceur de procédés qui rendent l'étude plus aimable, et qui concourent puissamment à polir l'esprit de la jeunesse; c'est un avantage réel que les nouveaux instituteurs ont sur les anciens, chez lesquels le pédantisme et la rudesse des formes rebutaient souvent le zèle le plus studieux, et donnaient aux élèves de fausses idées de la société. Comment donc se fait-il que nos instituteurs, malgré leurs talens, leurs vertus et leurs bonnes intentions, ne peuvent préserver la jeunessse de la maladie du siècle? C'est qu'ils agissent isolément, que leur existence est précaire, et qu'ils ne forment point un corps enseignant constitué avec force et sagesse; or, il est prouvé par l'expérience, qu'un corps enseignant bien organisé, inspirera sans effort à la jeunesse l'esprit dont il est lui-même animé, résultat que n'obtiendront jamais des individus. Affectez des propriétés et des dotations considérables au corps enseignant, environnez-le de distinctions et de priviléges honorables, que ses chefs soient des magistrats inamovibles ; accordez même cette inamovibilité au professeur qui, pendant un certain laps de temps, aura dignement rempli ses fonctions ; assurez des retraites suffisantes à la vieillesse et à de longs services ; reconstituez sur ces bases nos anciennes universités, mères de toutes bonnes doctrines ; qu'elles soient réparties dans les principales provinces du royaume, et environnées du rang, des honneurs et des prérogatives des cours souveraines ; composez ce corps enseignant des mêmes élémens que vous avez à votre disposition, et vous verrez que ces mêmes hommes qui luttent péniblement et sans succès contre la folie du siècle et les vices de l'institution universitaire actuelle, acquéreront bien vite, avec le corps dont ils feront partie, toute la prépondérance et la considération nécessaires pour mettre un frein à ce libéralisme insensé qui menace de tout envahir. Ce but n'est-il pas d'ailleurs d'une importance majeure ? et, disons-le, il y a urgence. Qui me répondra que les lois les plus sages, les bases fondamentales de l'édifice social seront respectées dans l'avenir par cette génération qui semble mettre sa gloire à mépriser ou à soumettre à l'examen de sa faible raison les principes les plus certains et les plus sacrés ? Je ne connais donc pas d'institution politique dont le besoin se fasse plus sentir que celle d'un corps enseignant bien organisé.

Cléon ne peut concevoir qu'un homme de bon sens songe encore aux vieilles routines de l'éducation. Vous avez beau faire et beau dire, me crie-t-il, le siècle est trop mûr, trop avancé pour rétrograder vers les préjugés gothiques ; Dieu même, s'il existait, ne pourrait, avec toute la puissance que vous lui supposez, renouveler parmi nous ces vieilles croyances avec lesquelles on enchaînait nos pères aux pieds des autels et du trône ; l'homme est libre, et sa raison seule doit être son guide. Cléon a dix-neuf ans ; et après avoir libéralisé, autant qu'il était en lui, ses premières études, il est sorti du collége pour suivre des cours dans une des Facultés. Il a subi le sort de tous ces jeunes gens qui, livrés à eux-mêmes au milieu d'une grande capitale, s'empressent de jouir de ce qu'ils appellent leur liberté. Il y a peu d'années encore que les grâces et la fraîcheur de la jeunesse brillaient dans sa taille et sur son visage ; mais depuis sa sortie du collége, Cléon a fait un usage si fréquent de sa liberté, qu'il est à peine reconnaissable ; en le voyant voûté, pâle et maigre, on le croirait dévoré d'une maladie aiguë; mais comme il ne paraît modifier en rien son genre de vie, on en conclut qu'il se porte bien. Cependant on remarque qu'il porte des besicles; il sourit fréquemment en parlant; le ton de sa voix est élevé; son discours est décisif et tranchant, mais ses nombreuses et fines réticences annoncent qu'il connaît le fond des choses; cet antérieur lui a concilié l'estime de ses condisciples; ils en parlent avec de grands éloges; il doit être un jour, selon eux, un grand homme. Cléon ajoute foi à cet horoscope; et l'amour effréné de célébrité dont il est possédé lui persuade qu'il a du génie. Un modeste hôtel garni du *pays latin* sert d'asile à Cléon; c'est de là qu'il étend ses projets philosophiques sur le monde entier. Il est assez assidu à ses cours, mais les professeurs n'ont pas d'Aristarque plus sévère que lui. Ses critiques assaisonnées de jeux de mots et de calembourgs, circulent rapidement, font fortune, et on les regarde comme des saillies d'un esprit aussi juste que pénétrant. Il considère cependant l'étude des lois sous un tout autre aspect que le vulgaire; il dédaignerait de retourner dans sa province, bien instruit du texte et de l'esprit de nos Codes et des bases de toutes les transactions civiles; son but est plus relevé, et il médite déjà de refaire Montesquieu, qui, selon lui, n'a pas envisagé son sujet sous un point de vue assez libéral : c'est dans le fameux *Système de la Nature* et dans le *Contrat Social*, que Cléon prétend trouver le véritable esprit des lois. Laissant de côté les rêveries de Domat et de d'Aguesseau, il exploite les grandes questions de la souveraineté des peuples et des gouvernemens de fait. Il cherche à prouver que tout ce que veut le peuple et que tout ce qui existe en fait sont légitimes en droit. On croirait que ces sortes de considérations sont étrangères à la jurisprudence, dont le but continuel est d'établir le droit à la place du fait; mais il a le bonheur d'entendre enseigner cette doctrine au sein de l'école. Son caractère ardent ne souffre aucune modification dans ses principes. Que l'autorité alarmée veuille rétablir l'ordre et empêcher un professeur d'outre-passer et de méconnaître ses fonctions, Cléon se met à la tête des partisans de ce professeur, il résiste à la force-armée, et le soutient *unguibus et rostro*. Il figure avec distinction parmi cette jeunesse *incomparable*, dont l'éloge a retenti naguère à la tribune aux harangues. Cléon, quand on voudra, fera le siége ou le blocus des deux Chambres, pour assurer la liberté des suffrages des héros du libéralisme, et fournira des escortes à toutes les chaises à porteurs des malades du parti. En temps de trève, de volumineuses pétitions qu'il présentera au nom de ses condisciples, entretiendront son ardeur patriotique.

Il sera d'ailleurs bientôt maître-expert en fait de libéralisme, et il s'instruit à bonne école. Observez-le dans ce cabinet de lecture : ses besicles à deux bouts qui cernent sa chevelure naturellement bouclée, un chapeau-bolivard placé devant lui et sur la table, son corps penché sur un fauteuil et son costume négligé, quoique propre, tout cela donne aux Lavaters libéraux la plus haute idée de Cléon. Le jeu de sa physionomie et la couleur de la couverture du pamphlet qu'il lit en ce moment dénotent assez son mérite. Cléon lit, ou plutôt savoure un des appendices de cette pauvre défunte *Minerve*. Tantôt on le voit sourire, tantôt il tire ses tablettes et prend des notes, ou copie des phrases; il ne peut même quelquefois résister à la tentation de communiquer à son voisin, qu'il ne connaît pas et qu'il n'a jamais vu, quelques traits saillans d'une *lettre sur Paris* : ce voisin est un spéculateur qui, en attendant l'heure de la bourse, médite le *Bul-*

letin du commerce ou *la mercuriale des Marchés*, et ne s'occupe jamais de politique. Il regarde Cléon d'un air étonné, l'écoute sans le comprendre, et reprend son *Bulletin* sans lui répondre. Cléon piqué pense que cet homme est un ultra, et faisant un quart de conversion sur son fauteuil, il lui tourne le dos. De *la Minerve* il passe aux volumineuses collections du *Moniteur*. Courbé sur l'énorme *in-folio*, il parcourt avec soin les longues colonnes des séances de la Convention; il en extrait une foule de *pensées;* il se hâte de copier, et bientôt ses tablettes sont remplies, sa provision de la journée est faite. A quel usage Cléon destine-t-il ces précieux matériaux? Il est aisé de le deviner: Cléon se lasse de l'obscurité, il n'a pas vingt ans encore, mais il veut être fameux; prenant exemple sur ses illustres maîtres et devanciers les sophistes du siècle précédent, il veut débuter, comme eux, par quelque grand scandale: c'est le seul moyen de fixer l'attention publique, d'improviser la célébrité. Son libraire lui a dit que le titre d'un pamphlet libéral en faisait aujourd'hui le premier mérite; en conséquence, Cléon veut que le sien soit piquant. Il hésite entre le *Cri des Nations*, l'*Appel à la raison*, ou *la Liberté vengée*. Les uns comme les autres lui paraissent sonores, et il n'a que l'embarras du choix : il consulte à ce sujet quelques amis *prudens*, et lui-même répand le bruit, sur les bancs de l'école, chez les traiteurs, dans les cafés et dans les hôtels garnis du pays latin et de la cité, que son ouvrage va bientôt paraître, et qu'il pulvérisera les doctrines monarchiques et les projets du ministère. Il obtient même l'honneur de faire des lectures de son propre chef-d'œuvre, et il trouve dans le *parti*, d'illustres Mécènes qui, charmés des heureuses dispositions de ce zélé prosélite, le flattent, l'encouragent et calculent déjà sur son enthousiasme. Cependant quelques amis de la famille de Cléon, auxquels son père l'avait recommandé à Paris, mais qu'il n'a vus qu'une fois, apprennent aussi les projets de ce jeune homme, et se hâtent de le venir trouver pour l'en détourner. Ils lui représentent que ce n'est point à dix-neuf ans que l'on doit s'ingérer de vouloir régenter l'univers, qu'un pareil écart le couvrira de ridicule, et qu'il vaudrait mieux suivre paisiblement ses cours; que d'ailleurs les tribunaux pourraient sévir avec rigueur contre lui, et qu'il s'expose à perdre les plus belles années de sa vie dans une prison, ou à dissiper une partie de son patrimoine en amendes judiciaires. On lui rappelle que déjà l'autorité à usé d'indulgence envers lui, en ne sévissant pas contre les nombreux scandales qu'il a donnés dans les théâtres, et qu'il ne faut pas se rendre inexcusable ; mais les conseils de la sagesse sont inutiles, Cléon veut être fameux. L'arrêt d'une Cour d'assises qui le condamnera comme écrivain séditieux, le mettra au nombre des victimes de l'arbitraire, et les souscriptions libérales paieront son amende du, moins il le croit. Quoi qu'il en soit, Cléon, flatté du titre de *citoyen*, *d'auteur* et de *libéral*, s'aveugle sur ses dangers, et se lance dans la carrière; il trompe les vœux de sa famille, qui s'impose des privations en province pour le soutenir à Paris; mais que sera-t-il lorsque le souvenir des scandales qu'il se propose de donner, n'occupera plus le public ? On peut prédire à coup sûr que Cléon sera toujours un écrivain obscur et médiocre, un ignorant avocat, et peut-être un mauvais citoyen.

CHAPITRE DEUXIÈME.

Les Métaphysiciens.

Le langage que parlaient Racine et Fénélon
Nous suffirait encore, si vous le trouviez bon.

De tous les tartufes politiques, les moins dangereux sont les métaphysiciens à grands systèmes; ils ont beau faire les forts, ils ne seront jamais que ridicules.

Il n'y a que des fous, ou des pédans sans expérience, qui puissent s'imaginer que l'on monte un gouvernement comme un tournebroche, et qu'il soit au pouvoir de l'homme d'établir un système politique dont les rouages présenteront toujours les mêmes effets et les mêmes rotations. Dieu seul a la prescience des ouvrages de sa sagesse; il ne nous a donné que quelques principes immuables, tels que la religion, la légitimité, l'alliance perpétuelle du trône et de l'autel; le bon sens indique que nous ne pouvons rien établir de solide que sur ces bases invariables. Bornons notre système à faire constamment concorder toutes nos institutions avec ces principes de vérité; mais n'ayons pas l'orgueil de croire que la sagesse humaine soit capable de déterminer d'avance et à jamais, le fond, la forme et la marche de ces institutions. Une infinité de circonstances et de causes amènent chaque jour des exceptions, des changemens; et le véritable talent du gouvernant est de ramener sans cesse ces causes accidentelles aux bases primordiales, et d'empêcher qu'elles ne détruisent les institutions qui en dérivent. Le projet de ces métaphysiciens, loin d'être un chef-d'œuvre de l'esprit humain, avilirait au contraire la science de l'homme d'Etat, il la réduirait à un mécanisme imparfait et sans consistance.

Les métaphysiciens sont les casuistes de la politique; ils créent des mots sans valeur et des idées sans principes; c'est pourquoi on les voit tour à tour encenser César et Brutus, et prouver qu'ils n'ont pas tort. Ils ont même usurpé leur nom, car ils forgent des mots auxquels ils prétendent attacher des idées et jusqu'à des systèmes entiers ; au lieu que les véritables métaphysiciens suivent le développement de nos perceptions, et laissent aux grammairiens le soin de les dénommer. Nos modernes néologistes ne sont donc, en grec comme en français, que des inventeurs de mots ; ils sont toujours prêts à leur donner, ou à leur laisser donner telle valeur qui sera jugée la plus convenable aux circonstances ou aux intérêts particuliers de chacun ; c'est un moyen nouveau de n'avoir jamais tort, et de profiter de tout. Il faut avouer que c'est une découverte merveilleuse, et dont ce siècle doit s'enorgueillir ; les plus subtils argumentateurs des anciennes écoles n'ont jamais rien employé qui approche de cette invention. Tous les syllogismes, les dilemmes et les enthymêmes de leur dialectique auraient blanchi devant une *capacité* ou une *spécialité* de notre moderne néologie. Que répondre en effet à un homme qui emploie des mots sonores, dont la structure et la dérivation paraissent au premier abord appartenir à quelque pensée profonde, mais dont on cherche vainement à fixer le sens ? n'est-il pas permis d'y appliquer telle signification que l'on voudra ?

Nous pourrions suivre l'histoire du néologisme avec celle de la révolution, et il nous serait facile de prouver qu'avec les mêmes mots on a, tour-à tour, établi la tyrannie de Robespierre, l'aristocratie du Directoire, et le despotisme impérial. Le peuple et les ambitieux qui l'ont gouverné, ont alternativement pris les mêmes expressions dans leurs sens matériels ou dans l'acception figurée qui convenait le mieux à leurs desseins. Demandez à un néologue de 93 ce que c'est qu'une *spécialité :* il vous répondra que ce mot exprime toutes les parties du corps social qui s'opposent, par leur position unique et particulière, à l'action du niveau révolutionnaire; il ne s'expliquera pas davantage, mais bientôt on subdivisera les *spécialités* en *modérantisme*, en *négotiantisme,* en faction d'*hommes d'Etat;* expressions toutes aussi vides de sens que leur racine; mais elles en imposeront à la populace, qui s'imaginera voir mille trahisons dans des gens qui portent des noms si étranges, et qui lanternera les *spéciaux*, comme elle a déjà lanterné les *aristocrates* et les *muscadins.* Interrogez ensuite, sur la signification du même mot, un idéologue du régime impérial, vous saurez qu'une *spécialité* n'est autre que le pouvoir radical et virtuel, il en conclura bien vite que les membres du corps législatif ne sont pas *spécialement* les représentans, mais seulement les députés de la nation ; que le sénat n'est pas un pouvoir *spécial*, et que toute sa *spécialité*, si toutefois il en a une, consiste dans le droit de remontrance, dont il doit faire un usage prudent et surtout fort rare. Notre néologue professe *in petto* la doctrine de la souveraineté du peuple, et c'est là qu'il voudrait placer la *spécialité;* mais comme le despote lui fait peur ou le paie bien, c'est à l'empereur seul qu'il accorde cette haute prérogative. Le néologue d'aujourd'hui rejetera avec horreur et mépris les explications et les opinions de ses devanciers ; et il est juste d'ajouter que, sous les rapports les plus essentiels, il ne leur ressemble en rien ; il n'a de commun avec eux que l'obscure profondeur de ses expressions. Il admet un grand nombre de *spécialités ;* il y a, selon lui, des hommes spéciaux et des choses spéciales. Par exemple, tous les patentés et contribuables à cent écus sont spécialement les électeurs directs des députés, parce qu'ils ont la *capacité*, c'est-à-dire qu'ils ont la mesure comble de tous les droits constitutionnels pour élire ce qu'ils ont d'ailleurs montré de quelle façon ils étaient *capables* de le faire. La sonnette du président de la Chambre est aussi une *spécialité* dont la destination *directe* est de rétablir le calme dans l'assemblée; et quoique malgré sa *capacité* elle ne produise pas toujours son effet, il n'en est pas moins vrai que tel est son usage spécial. Il s'en suit de-là qu'une *spécialité* est tout ce qui possède en soi la *capacité* ou le pouvoir indubitable de produire un effet quelconque; cela ne veut pas dire qu'une *spécialité* puisse toujours agir d'une manière juste, utile ou légale; je connais, au contraire, certaines *spécialités* que l'on doit toujours tenir en repos, parce qu'elles ne peuvent produire rien de bon; mais comme les néologues n'expliquent point le sens de leurs mots, et que l'opinion est très-prompte à se donner de l'importance, et à vouloir agir, ne déduirait-on pas de tout cela que du moment où l'on est une *spécialité*, on peut se croire un pouvoir *spécial*, et travailler en conséquence.

Ainsi, depuis trente ans, voilà le même mot qui a signifié et produit les effets les plus contraires; qu'en conclurons-nous? C'est que la manie de forger des mots, ou le néologisme, est le signe le plus évident de l'impuissance de créer de bonnes choses.

On a cru que nos modernes métaphysiciens étaient des ambitieux adroits qui avaient exprès inventé un langage obscur et inintelligible, afin de ne point être obligés de s'expliquer nettement et de pouvoir dire au parti vainqueur : *J'ai toujours pensé comme vous;* cela pourrait bien être ; mais il est pourtant plus probable que ces hommes sont de bonne foi ; dans leurs rêveries, ils s'imaginent réduire les choses les plus abstraites en systèmes méthodiques, et leur erreur vient de ce qu'ils ont inventé des mots avant d'avoir aucune idée fixe : leurs graves méditations, leur sérieuse application à combiner et à entasser des expressions sans valeur et avec lesquelles ils prétendent produire de grands résultats, rappellent les travaux des alchimistes, ou plutôt cette singulière maladie qui attaqua les soldats d'Antoine dans sa retraite devant les Parthes : « Ils furent réduits, « dit Plutarque (1), à se nourrir d'herbes et de « racines; et comme ils en trouvèrent fort peu « de celles qu'ils avaient accoutumé de manger, « ils furent forcés de recourir à celles qui leur « étaient entièrement inconnues, et ils en trou- « vèrent une qui les faisait mourir hors de

---

(1) Traduction de Dacier.

« sens; celui qui en avait mangé ne se souve-
« nait de rien, ne reconnaissait rien et ne faisait
« autre chose tout le jour que remuer et boule-
« verser toutes les pierres qu'il trouvait en son
« chemin, comme s'il eût fait quelque chose
« de très-important et de très-digne de ses
« soins; de sorte que, par toute la campagne,
« on ne voyait que des gens qui, courbés vers
« la terre, en arrachaient les pierres et les
« changeaient de place. » Nos pauvres métaphysiciens ne ressemblent-ils pas un peu à ces soldats, et les cailloux que ces derniers arrangeaient et alignaient avec un soin si studieux, n'ont-ils pas un air de famille avec les mots du néologisme? D'ailleurs, en supposant que leur intention fût de n'offenser personne, de ménager toutes les opinions ou de masquer la leur, le pourraient ils en ce temps-ci? C'est vainement qu'on cherche à se déguiser, lorsque plusieurs opinions politiques se combattent; c'est vainement encore que l'on voudrait ne pas en adopter une : rien n'égale l'instinct des partis politiques; de près comme de loin, un mot, un geste, une expression leur dévoilent leurs amis ou leurs adversaires; certaines opinions sont, à juste titre, l'effroi des honnêtes gens; mais celle de nos métaphysiciens est trop

innocente pour inspirer même de l'aversion; on en rit, et voilà tout : c'est la petite pièce du grand spectacle qui s'offre à nos yeux, et l'on a tant d'occasions de s'alarmer sur d'autres sujets, que l'on saisit avec plaisir le moyen de s'amuser de ce qui est simplement ridicule.

Métaphraste est, aux yeux de la multitude, un profond penseur; s'il écrit, on est assuré d'avance que son livre fourmille de doctrines savantes; on ne le lit point, parce que Métaphraste est obscur. Des envieux prétendent même que son style sent tant soit peu le pedant. Les médisances ne font point tort à Métaphraste; au contraire, on le croit sur parole, et tout Paris a la plus haute idée de son mérite. Placé jadis au point d'appui de la bascule ministérielle, il semblait ne point participer à aucun mouvement; mais des gens qui se disent clairvoyans ont cru que Métaphraste et les siens n'avaient alors d'autre but que de faire pencher cette balance où ils auraient voulu, en se jetant à l'improviste sur l'un ou l'autre bout. Cette question est difficile à résoudre : le parti de Métaphraste est trop faible pour avoir espéré d'être si prépondérant; de mauvais plaisans ont déjà dit qu'on pourrait le réunir sur un canapé, et qu'un cabriolet suffirait, en cas d'échec, à opérer sa retraite de la capitale. Je suis loin d'adopter ces hyperboles, mais le fait est que ce parti est peu nombreux. Métaphraste avoue lui-même qu'il peut encore compter tous ses partisans sur ses doigts. On a voulu même leur appliquer ce vers de l'Enéide :

Apparent ruri nantes in gurgite vasto.

Mais cette épigramme de collége manque son but, puisque ceux qu'elle concerne essaient, dit-on, de nager entre deux eaux. Que veulent-ils donc, ou plutôt que pensent-ils ? J'ignore d'abord s'ils savent ce qu'ils veulent, mais je réponds, tête pour tête, que les leurs sont toutes aussi pleines que le requiert la physique d'Aristote. Il n'existe pas de gouvernement, depuis le Japon, jusqu'à l'isthme de Darien, qui ne puisse y trouver un système de balance et de contrepoids au moyen duquel on fera marcher l'administration avec autant de facilité qu'on exécute un air avec la serinette, et on gouvernera le plus grand empire aussi bien, et même mieux que Métaphraste ne régente un collége.

Vous en doutez..... Eh bien! venez vous

convaincre..... Métaphraste monte à la tribune, il va parler.... *savete linguis...* La modération dicte ses phrases bien nombrées : on cherche à le comprendre, il est vrai ; son discours, long tissu d'énigmes politiques, de syllogismes obscurs et de doctrines métaphysiques, tromperait la perspicacité d'OEdipe. Mais les expressions de Métaphraste sont recherchées, il les débite quelquefois assez bien ; ses amis accueillent d'un sourire fin les passages les moins clairs de son discours, donc ils l'ont compris. Ce sont des gens doctes, il faut faire comme eux, et le public croit aussi entendre Métaphraste. Pour se dispenser d'expliquer les oracles de ce savant publiciste, on se rabat sur ses intentions droites et pures, sur son esprit conciliant ; et s'il ne peut être ministre, il faut au moins qu'un de ses amis le soit, et cela s'est vu.

Métaphraste, comme nous l'avons déjà dit, a un système, ou plutôt il s'imagine en avoir un. Il en a réduit toutes les parties à des règles fines qu'il prétend nous démontrer comme une proposition d'Euclide.

« Le corps politique, nous dit-il, se com-
« pose de quelques humeurs ou matières dont
« le cours peut se diriger ou se combiner au

« moyen des tempéramens *spécieux* que nous « indiquons. D'abord, il y a la matière con- « tribuable, puis les matières électorale, reli- « gieuse et représentative. Pour les empêcher « de se froisser, et surtout pour les mettre en « parfaite harmonie, nous les entremêlons des « intérêts révolutionnaires. Ces intérêts sont « au nombre de nos *notabilités*. Chaque matière « a sa notabilité spéciale ou capable, qui la « pondère et en corrige l'âcreté. Ainsi l'ins- « truction publique, notre journal et les pa- « tentes pourraient régler, si l'on voulait, « année par année, la matière électorale. La « tolérance la plus indifférente, l'abolition des « missions, des processions publiques et un « concordat bien janséniste dirigeront la ma- « tière religieuse. La rétribution universitaire « adoucira la matière contribuable, et la bas- « cule ministérielle, que nous rétablirons et « gouvernerons, s'il plaît à Dieu, fera mouvoir « la matière représentative. Quant aux intérêts « révolutionnaires, dont nous connaissons la « majorité saine, ils font face à tout; ce sont « nos universaux. C'est au moyen de ces ingé- « nieux mélanges privatifs, de répugnans, d'an- « tithèses et de concessions que nous amalga- « mons et dirigeons les matières du corps po-

« litique, qui sera toujours ainsi en bonne santé,
« et surtout en repos. »

Eh bien, avez-vous compris Métaphraste, cette fois, et le maître de philosophie du bourgeois gentilhomme raisonnait-il mieux? Que dites-vous de cette alchimie? Raimond Lulle ou Nicolas Flamel en savaient-ils davantage, ou s'exprimaient-ils plus clairement?

Quelques esprits méfians s'imaginent démêler, au travers du fatras pédantesque de Métaphraste et de ses amis, les restes cachés de ce parti qui prit naissance dans Port-Royal, que l'autorité persécuta d'abord, et dont le ridicule finit par faire justice. On prétend que ce parti, le jansénisme enfin, après avoir bravé les foudres de Rome et la puissance des rois, se réfugia dans les Parlemens, et sonna le premier coup de tocsin en 1789; il ne voulait pas de bouleversement général, encore moins des crimes; mais un secret désir de vengeance contre la cour et le Saint-Siege l'aveugla et le fit tomber, un des premiers, dans l'abîme qu'il avait creusé. Le parti qui n'a plus de vengeance à exercer, et qui n'a pas, à ce qu'il croit, de révolutions à craindre, voudrait-il tout simplement réaliser le grand projet de ses fondateurs, la république chrétienne, en un mot, la liberté et l'égalité la plus absolue dans l'Eglise.....? Mais comme toutes les opinions se modèlent sur la prédominance, ce système ne conduit-il pas à la démocratie politique.....? et où nous mène la démocratie politique.....? Au despotisme militaire.....! Ainsi, ce serait toujours à recommencer, ce serait une alternative sans fin. Se peut-il que Métaphraste et ses doctes amis pensent à s'engager dans un cercle aussi vicieux; se livrent-ils réellement à des spéculations aussi creuses.....? Je l'ignore..... Mais quel homme est-ce donc que cet inexplicable Métaphraste? Je n'en sais rien; il parle, il pense, il écrit, on l'entend beaucoup, on le comprend peu : il est *doctrinaire*.

CHAPITRE TROISIÈME.

Les publicistes.

Scire tuum nihil est, nisi est, te scire hoc sciat alter?
At pulchrum est digito monstrare et diciter hic est.
(PERS., satir. I.)

QUE de gens visent à l'esprit par la singularité! Cet homme, direz-vous, a des idées neuves, de grandes vues; il expliquebien ses intentions, il a de l'esprit, c'est très-beau; mais quittez toute prétention, et analysez cet homme spirituel, vous verrez souvent que ses idées, loin d'être neuves, sont des rêves creux reproduits cent fois depuis trente ans; que ses grandes vues n'aboutissent à rien, et que son style est une perpétuelle paraphrase d'une douzaine d'expressions vides de sens; tout le talent de cet homme est d'avoir acquis de la célébrité.

Beaucoup de gens de lettres se sont donnés, à défaut de mérite, la célébrité; ils y sont parvenus en s'attachant par quelques écrits plutôt piquans que profonds, à toutes les phases de notre révolution; les écrits sont tombés dans l'oubli, mais on s'est rapelé de l'auteur avec les évènemens qui l'ont fait connaître; il en est d'autres aussi qui courent sans cesse après cette célébrité qui semble s'obstiner à les fuir. Qui ne connaît ou qui n'a pas connu *Lycidas*, car on commence à l'oublier, mais on s'arrête encore à son nom dans les biographies des auteurs vivans, depuis les premiers troubles, jusqu'à présent; les murs de la capitale ont été cent fois tapissés des annonces de ses écrits; il a travaillé pour les journaux; il a fait des histoires complètes des évènemens d'un jour, et des relations détaillées des moindres circonstances : les titres de ses ouvrages sont piquans, et ce petit charlatanisme les fait lire quelquefois; on espère y trouver des particularités inconnues, des rapprochemens intéressans, et des réflexions nouvelles; mais on est tout étonné de n'y voir que de longs extraits des divers journaux, l'analyse de quelques pamphlets qui paraissaient clandestinement aux époques dont l'auteur fait l'histoire, et qui se vendent publiquement aujourd'hui; quelques anecdotes très-douteuses, et qui d'ailleurs courent les rues; et enfin, un ample résumé de toutes les persécutions que l'auteur a souffertes pour la bonne cause. Il n'oublie pas, surtout, de nous prévenir qu'il a écrit son ouvrage au moment du danger, c'est un protocole commun, et d'usage. Lycidas n'ignore pas, mais il cherche à se dissimuler que toutes les nouveautés qu'il publie sont depuis long-temps le rebut des plus intrépides lecteurs, qu'elles n'obtiennent même plus l'honneur de surcharger la table des cabinets de lecture, et que, sans le *Journal de la librairie*, personne ne les connaîtrait. L'évidence même n'est rien pour Lycidas; il écrit, et il espère toujours faire sensation, comme le joueur, malgré ses pertes, continue à jouer dans l'espoir de vaincre la fortune. Appuyé sur quelques-unes de ses brochures, qui dans le temps eurent plutôt de la publicité que du succès, il a soin de relater dans le titre de tous ses ouvrages, qu'il est auteur de tel ou tel écrit : une discussion intéressante s'engage, une sédition violente s'élève sur quelques points du pays; vite, Lycidas minute une brochure; ce sont des réflexions, des aperçus ou une relation complète : le public est encore en suspens sur l'issue des débats, ou les véritables causes des évènemens ; il n'y a point de temps à perdre, un autre peut être plus diligent, Lycidas sent tout le prix de l'à propos ; sa plume vole, son manuscrit est déjà nettement recopié ; mais les lenteurs de l'imprimeur ou du libraire sont désespérantes : demain, lui dit-on, votre ouvrage sera en vente ; mais, hélas ! aujourd'hui même un journal annonce une brochure dont le titre se rapporte à celui du pamphlet de Lycidas, et dont le sujet est le même : il est altéré, mais bientôt il se rassure ; il croit s'apercevoir, en lisant cette brochure, que l'auteur a saisi la question sous un aspect tout différent, et Lycidas se console en pensant que si son ouvrage n'a pas la priorité, ce sera toujours une nouvauté. Avec quel soin il examine tous les journaux pour y chercher l'analyse, l'éloge ou la critique de sa production récente ! Quelques-uns, par égard pour le libraire, en annoncent le titre, mais aucun n'entreprend d'en faire l'examen. Cette indifférence désole Lycidas ; il parcourt les galeries de bois du Palais-Royal, les échoppes des principaux libraires ; il y voit son nouvel ouvrage étalé, mais personne n'en demande le prix, ou même n'essaie d'en lire la préface ou les premières lignes; enfin les circonstances se passent; la brochure de Lycidas est retirée de la *montre;* elle rentre dans les magasins, et l'édition complète, sauf quelques exemplaires donnés ou vendus à des libraires de province, se débite ignominieusement au poids.

Le sort de *Canidius* est plus heureux; il a commencé comme Lycidas finit; mais, depuis quelques années, il fixe l'attention publique. Il a sur Lycidas l'avantage d'une naissance distinguée et le souvenir des charges considérables qu'il a exercées. Canidius est dévoré d'ambition, et il joint, à la soif des grandeurs, la manie toujours incurable d'être auteur; il aurait assez d'esprit et d'instruction pour faire de bons livres de piété; mais il s'est imaginé qu'il était diplomate et publiciste; il ne se souvient du caractère respectable dont il est revêtu, que pour convoiter les honneurs et le pouvoir de Richelieu ou de Mazarin; on peut dire, à la rigueur, qu'il a été en passe d'y parvenir; mais il a commis tant de maladresses, qu'il s'est fait anathématiser par le pape, et disgrâcier par le Roi. Cette catastrophe le rejette bien loin de son but. Richelieu et Mazarin étaient trop bons courtisans pour faire d'aussi lourdes fautes; reste à savoir si Canidius aurait leurs talens, comme ministre; il le dit, mais on s'obstine à ne pas le croire; il a eu pourtant, comme courtisan, une réputation brillante; mais les personnes qui veulent toujours employer des expressions exactes et techniques, prétendent que Canidius n'a jamais eu les talens d'un véritable courtisan, qu'il n'a été qu'un flatteur, et ces mêmes personnes établissent une notable différence entre ces deux mots. Quoi qu'il en soit, Canidius se console de sa nullité politique avec son écritoire; il livre des batailles, il fait des siéges, transporte en un clin-d'œil, ou plutôt en un trait de plume, des armées considérables au travers de marais et de déserts de quatre ou cinq cents lieues d'étendue; tout cela lui coûte la peine de l'écrire, et rien n'est plus plaisant que l'importance et l'air de conviction avec lesquels il nous débite ses rêveries. Les romans politiques de Canidius sont assez recherchés des spéculateurs en librairie; et quoique son étoile commence à pâlir, cependant, les journaux d'un certain parti en font encore l'éloge ou de longs extraits, et les écoliers y cherchent des idées politiques et des systèmes libéraux. Historiographe des circonstances, Canidius passe et renaît avec elles ; mais comme il les apprécie fort mal, que tous ses aperçus et ses projets sont marqués au coin de sa mauvaise humeur, et qu'il n'a donné dans le faux, que par dépit contre la Cour, il est probable que lorsque les circonstances, ou Canidius, n'existeront plus, les brochures de ce dernier seront traitées en dernier ressort, comme celles de Lycidas.

Publicola est aussi ambitieux que Canidius; mais il a végété long-temps dans l'obscurité; il est bien né, mais il n'a jamais exercé d'emplois considérables près les grands. Il fait sa cour au peuple ou à la multitude, dont il est le flatteur-né; il écrit bien; mais son esprit est radicalement faux; son humeur inquiète et vagabonde l'a conduit dans presque toutes les parties de l'Europe, et l'on dit que dans ses voyages, il a fait une étude approfondie du genre romantique, et que c'est par-là qu'il a commencé celle de la politique. Son style et ses idées se ressentent en effet de ses premiers essais; tous les dénoûmens qu'il propose ou qu'il prévoit dans les affaires politiques, sont amenés de fort loin; et cependant, dès les premières lignes, on juge l'opinion de l'auteur. Publicola ambitionne, et a acquis le rang de *roi du pamphlet :* personne ne mérite mieux que lui cette haute distinction. La collection complète de ses œuvres, formant huit ou dix feuilles d'impression, offre un cours entier de politique de circonstance. Ses amis disent qu'il est publiciste, et lui-même le croit; le vulgaire, étourdi de sa bruyante célébrité, lui suppose de grands talens, et ses nombreux sectateurs en voudraient faire un chef de parti. Les gens impartiaux qui apprécient la valeur intrinsèque des hommes et des choses, prétendent au contraire que Publicola et ses amis sont réciproquement dans l'erreur; ils disent que l'on n'est pas un publiciste, parce que l'on a saisi toutes les circonstances, moins pour en approfondir les causes et les résultats, que pour remuer les passions de la multitude; qu'il est impossible de juger si un homme a un talent réel par des brochures éphémères, écrites dans l'effervescence d'un sentiment quelconque, empreintes par conséquent d'esprit de parti ou de considérations personnelles; que les talens sont le fruit de réflexions lentes et mûres, et que l'homme qui écrit presque toujours sans avoir eu le temps de réfléchir, a tout au plus le talent des improvisateurs, c'est-à-dire l'esprit des saillies; qu'enfin, pour être chef de parti, il faut avoir une certaine persévérance dans ses opinions, avoir acquis, par de grands services, quelque prépondérance dans l'Etat, et ne point effrayer, par le résultat évident de ses opinions, une partie nombreuse et puissante de la nation. Publicola n'a donc aucune des qualités qu'il se donne, ou que ses amis voudraient lui donner; sa vanité peut bien le conduire à devenir le prête-nom d'un parti qui, après en avoir fait un personnage, le sacrifiera pour s'en débarrasser; sa vanité, dis-je, pourrait le faire tomber dans ce piége dangereux, mais il n'a rien en lui pour jouer un rôle important et principal. Il écrira toujours sans doute, mais qu'il ne s'y trompe pas; ses rêveries politiques auront un terme; le temps viendra où ses partisans même s'étonneront d'avoir admiré des paradoxes aussi insensés, d'avoir pu dévorer la lecture de ces éternelles et nauséabondes paraphrases sur des niaiseries philosophiques aussi banales que justement décriées. Les nations ne sont pas toujours en mouvement; toutes les crises aboutissent au repos; la vérité et la sagesse viennent à pas lents, il est vrai, mais leur règne commence tôt ou tard. Lorsque le calme sera complet, que la chaleur des opinions contradictoires sera apaisée, les véritables publicistes, les littérateurs dignes de ce nom, ceux enfin qui méditent leurs écrits et ne travaillent point pour les seules circonstances, feront sentir leur salutaire influence. Animés du désir d'une gloire solide et durable, leurs ouvrages n'auront d'autre but que d'éclairer leurs contemporains et la postérité; ils contribueront à donner à la nation ce caractère de fixité si nécessaire à l'affermissement de nos institutions sociales; ils feront rentrer dans l'obscurité, ces historiens de gazettes, ces publicistes en pamphlets qui, visant à l'originalité, s'alimentent du scandale, et qui, galopant après les circonstances, entretiennent dans le public cette dangereuse mobilité d'idées et de principes, qui le porte à rechercher non ce qui est utile et beau, mais ce qui promet d'être curieux ou piquant.

Parmi tous les publicistes qui depuis quelques années occupent la scène politique, il en est plusieurs sans doute, qui non seulement doivent être distingués de la foule, mais encore de ce siècle. Il était impossible que les étonnantes vicissitudes qui viennent d'avoir lieu ne fissent éclore de grands talens; la France s'honore aujourd'hui de plusieurs hommes qui joignent à la sagesse et à la profondeur des pensées, tous les dons d'une éloquence brillante et persuasive; ces écrivains, ces orateurs sont l'espoir des honnêtes gens; quelques-uns, aigris par les plus indécentes provocations, victimes de persécutions injustes, ou indignés de la criminelle audace de leurs adversaires, se sont livrés, parfois, à l'impétuosité de leur zèle, et ont fait prendre à la vérité le ton de l'emportement et de l'esprit de parti. Ils ont méconnu la distance qui séparera toujours la vertu et le véritable talent, des factieux et des libellistes; on les a vus souvent descendre dans une arène où l'écrivain qui se respecte ne jette ou ne ramasse jamais le gage du combat; ils ont oublié que leurs talens et leurs ouvrages étaient destinés à faire la gloire de leur siècle, et l'admiration de la postérité, tandis que les écrits de leurs adversaires, ne produiront jamais qu'un scandale momentané, et n'auront qu'une existence éphémère; c'est une faiblesse qu'il faut pardonner à l'humanité, et qui n'empêche pas que ces hommes éclairés ne soient l'espérance de cette partie de la nation qui veut l'ordre et le repos, qui attend ces bienfaits de l'expérience et du temps, qui marche vers ce but non par des secousses et la violence, mais qui désire y arriver par des institutions fortes et sages; ces orateurs éloquens, ces écrivains instruits et vertueux, abjurant tous ces légers mouvemens de l'amour propre, qui les portent en apparence vers l'exagération, se rallieront, comme à leur véritable centre, à cette classe de la nation dont je viens de parler, à ce *parti du juste milieu*, objet des sarcasmes des divers partis, mais qui finit tôt ou tard, ainsi que l'expérience le démontre, par les comprimer tous. Ce parti ne se trouve précisément ni dans les rangs d'un ministère, ni dans ceux de telle ou telle opposition; il existe dans l'universalité des membres du corps social; en un mot, il n'est autre chose que l'opinion publique. Quelles que soient les divergences apparentes que présente cette opinion, la plus générale chez tous les peuples est celle qui les porte vers leur conservation; ils ne peuvent la trouver dans les excès, dans les révolutions et les intérêts personnels; et comme les nations en masse possèdent à un plus haut degré que les individus, l'instinct de la vérité, elles tendent invinciblement vers le repos, la justice et la modération; ce sentiment est donc et sera toujours le fond de l'opinion publique; ceux qui le professent, forment, on ne le peut nier, une immense majorité; ce sera, si l'on veut, le *parti du juste milieu;* mais ce parti-là triomphera infailliblement des autres, et tous les hommes sages et instruits se rangeront sous ses bannières.

A côté de ces publicistes recommandables par leurs talens et leurs intentions, il en est d'autres qui professent les mêmes opinions, qui marchent franchement sur leurs traces, mais qui, privés de leurs lumières et ne pouvant les égaler, visent à l'esprit, à l'originalité, et, pour se faire remarquer, veulent fonder de leur côté une secte, une école. Comme ils n'ont ni la solidité du jugement, ni l'instruction de leurs modèles, en un mot, aucune vocation pour diriger leurs contemporains, ils sont réduits à chercher à faire effet; et pour y parvenir, ils se jettent dans le bel esprit ou les systèmes; s'il était permis de se servir ici d'une expression triviale, on dirait que ces braves gens sont des gâtes-métiers; car les meilleures doctrines, les principes les plus sages, prennent une tournure si ridicule entre leurs mains, que s'ils en étaient les seuls défenseurs, il y aurait urgence de péril pour la vérité. On leur doit pourtant des éloges sur la pureté de leurs sentimens; la manie de la célébrité, qui entraîne tant d'autres vers le mal, n'a porté nos publicistes beaux esprits que vers le ridicule; ils sont sincèrement partisans des meilleurs principes, ils les professent hautement et sans détour; mais il est plaisant d'examiner les étranges combinaisons qu'ils prétendent en faire, les singulières conséquences qu'ils veulent en tirer; leurs écrits présentent un amalgame continuel et bizarre de métaphysique, de sophismes obscurs, et de systèmes inadmissibles; on y voit surtout, et jusqu'à satiété, leur éloge personnel.

Dans le nombre de ces publicistes affamés de célébrité, dont tout le monde parle en effet, il en est que nous pouvons prendre pour égayer nos portraits, et parmi ces derniers, il faut distinguer *Damon;* il a véritablement des talens, de l'esprit surtout, et de la probité; c'est beaucoup dans ce siècle, mais ce serait bien peu pour Damon, si le public l'ignorait. Rien de ce qui le concerne ne doit échapper à la connaissance de ses contemporains : Alexandre n'était pas plus avide des louanges du peuple d'Athènes. Il faut que nous sachions d'abord que Damon est assez bel homme, qu'il s'énonce bien, et que son organe est flatteur; il est important, surtout, de ne pas ignorer que Damon a occupé un des principaux emplois de la hiérarchie administrative; qu'il avait un carrosse, des laquais, un cocher, et que ce cocher n'avait pas appris seulement à panser les chevaux, comme Louis XV le reprochait à M. de Lauraguais, mais que ce brave homme pensait aussi profondément que son maître, et devint, en parlant avec lui, un publiciste passable. Or, quel est le biographe soigneux, ou plutôt malicieux, qui s'est donné la peine de ramasser jusqu'aux moindres parcelles de la célébrité de Damon.....? C'est Damon lui-même..... Et dans quelles occasions ces ingénuités lui ont-elles échappé? mais...... à peu près dans tous ses ouvrages et ses discours. *Immensa laudum cupido!* Du reste, ne nous étonnons point de tout cela; Damon a mission de dire la vérité, c'est positif, et je l'assure d'après lui; admettons son titre sans le contester, car Damon prétend qu'il existe une vérité dans chaque chose, et il y a tant de choses depuis le carrosse jusqu'au cocher, et depuis le cocher jusqu'au maître, que nous n'en aurions jamais fini. Damon nous promet cependant d'extraire les vérités de cette immense échelle de choses; or, charité bien ordonnée commence par soi; Damon a donc bien fait de se percer pour ainsi dire à jour, afin que nous puissions voir distinctement le fort et le faible de toutes les choses qui le concernent.

Damon se pique de bien écrire, d'être spirituel, et de professer une opinion pure et digne d'un bon Français; on croit qu'il pourrait se dispenser de le dire lui-même, et il eût agi en homme d'esprit d'attendre ces sortes de louanges du public. Damon croit avoir acquis le fin des sciences politiques, ou plutôt il s'imagine que l'on peut réduire la politique en science; il ambitionne surtout d'en être le baromètre. Son cabinet est une espèce d'observatoire d'où il prétend prédire, à coup-sûr, les éclipses, les orages et le beau temps, et ses écrits ont, sous ce rapport, un air de famille avec l'Almanach de Liége. On trouve même que Mathieu Laensberg a sur Damon l'avantage d'être plus lucide; l'astrologue vous dit nettement, sans trop s'inquiéter s'il se trompe ou non, il fera chaud ou froid tel jour; au lieu que notre météréologue politique mêle à ses annonces des abstractions si subtiles, que ses lecteurs, après avoir parcouru ses écrits, s'imaginent ne voir pas plus clairement que l'auteur les phénomènes de l'horizon politique. Damon est réclamé, peut-être sans qu'il le sache, par une secte célèbre de métaphysiciens, par les martinistes; ils ont cru reconnaître dans ses ouvrages l'obscure spiritualité, et l'incommensurable élévation des idées et du style de feu saint Martin, leur maître, d'inexplicable mémoire. Damon est le parrain des doctrinaires, et en leur imposant ce nom, il leur a communiqué son esprit.

Il a une opinion très-prononcée, depuis cinq ou six ans; et bien qu'avant cette époque il ait varié sur quelques accessoires, le fond en a toujours été le même; craignez d'avoir l'air d'en douter, car *vous semeriez du vent pour récolter des tempêtes*. L'opinion de Damon, conforme à celle des honnêtes gens, est toute en faveur du pouvoir légitime et des institutions analogues; jusque là tout va bien, mais Damon est un faiseur, et, comme tel, il a sa marotte. Rien n'est plus plaisant que de le voir caresser cette marotte, qu'Erasme n'eût pas manqué de joindre à sa collection; aussi laissez faire Damon, et bientôt tous les chefs-lieux, y compris même Privas et Guéret, seront autant de petits Paris où nous aurons l'Opéra, Tivoli et les Bains-Chinois. L'image de la capitale s'y réfléchira, comme la figure de cet enfant se reproduisait dans chacun des morceaux d'un grand miroir qu'il venait de mettre en pièces. Chaque département aura ses frontières, ses douaniers, ses deux Chambres, et enfin son préfet régulateur d'un système constitutionnel complet. Si Damon est alors pourvu d'une préfecture, son département sera l'archétype de tous les États fédéralisés présens et futurs ; le gouvernement central, que Damon veut bien laisser subsister, marchera comme il pourra au milieu de cent soixante-douze tribunes aux harangues, de quatre ou cinq mille députés, et de dix ou douze mille arrêtés ou remontrances, que chaque année verra éclore ; le gouvernement essaiera, s'il le peut, de maintenir la paix entre tous les États provinciaux ; tout cela s'arrangera à merveille, parce que, comme le dit fort bien Damon : *Chaque chose à sa place, est le point fondamental de nos doctrines* ; or, Damon, qui se compte parmi les choses, ou du moins pour quelque chose, se trouverait parfaitement à sa place, si on le mettait à la tête d'une administration provinciale : hélas ! Damon a déjà occupé ce poste important, et il a soin de le dire à chaque instant ; mais dans quel temps, bon Dieu ! et à quels détails les *commis* du ministère faisaient-ils descendre son génie contemplatif......! à rendre compte du nombre d'œufs que pondaient les poules de sa province,

Damon le dit lui-même, il faut le croire; il est vrai qu'en dévoilant cette irrévérence ministérielle, il nous développe une savante correspondance; de sorte qu'en rapprochant ses opérations administratives de ses hautes conceptions, nous voyons que son esprit peut embrasser tous les détails, et que Damon a étudié et employé *ab ovo* la science du politique.

Damon ne manque pas de nous avertir qu'il est électeur et éligible. Ne pouvant réussir à se faire nommer, il s'en est pris à l'ancienne loi des élections; il la blâmait avec chaleur, et on ne peut nier qu'il avait raison. Cependant, Damon, qui pense comme nous que cette loi était vicieuse, aurait voulu la faire servir à élire les préfets, les maires et les magistrats. Penserait-il qu'un préfet soit un personnage assez insignifiant pour que le gouvernement ne se mêle point de sa nomination?..... Non certes, et Damon surtout est loin de le croire; mais un pareil modèle est un pas de fait vers le régime provincial, et ce serait autant de gagné; le motif de Damon en faisant élire les préfets, est de donner une nouvelle garantie aux libertés françaises; mais entraîné par son système favori, il ne voit pas que cette belle innovation nous amènerait au despotisme le plus insupportable, à celui des intrigues et des coteries de famille.

Ce n'est pas la première fois que Damon n'est pas tout à fait d'accord avec lui-même. Nous l'avons vu, comme journaliste, blâmer dans les autre ses propres opinions; comme auteur dramatique, étaler des principes qu'il prétend n'avoir jamais été les siens; comme romancier, répandre dans ses tableaux un intérêt soutenu et une originalité piquante, tandis qu'aujourd'hui on le comprend peu, et il n'intéresse pas toujours. En le voyant administrer sa province à l'instar de tous ses collègues, on ne se doutait pas qu'il déclarait en même temps, dans une correspondance privée, que tous les décrets qu'il faisait exécuter étaient diamétralement opposés à sa manière de voir. Le but constant de Damon fut toujours, comme on voit, de jouer un rôle; son ambition a été d'occuper la scène, mais en honnête homme. On peut s'amuser de ses ridicules, mais on n'a pas de reproches à lui faire. Est-ce un littérateur, un publiciste ou un administrateur? Il est difficile de décider la question, car il y a un peu de tout cela chez Damon; il parle dans les journaux comme un préfet, il administrait son département comme un journaliste, et il serait à souhaiter que ses compilations historiques fussent aussi vraisemblables que ses romans.

CHAPITRE QUATRIÈME.

Les révolutionnaires.

Quos ego.......!
(VIRG., *Eneid.*)

TANT qu'il y aura des riches à dépouiller, des grands à supplanter, des réputations à flétrir, il y aura aussi des révolutionnaires.

Lorsque ces hommes sont à l'œuvre, ils se disent jacobins; lorsqu'ils ont réussi, ils se qualifient de républicains, et commencent à se battre entre eux pour la place de tyran. Sous un gouvernement faible ou craintif, ils s'annoncent comme indépendans ou radicaux; mais sous un pouvoir légitime qui veut être fort, ils se taisent ou ne paraissent que dans les antichambres.

Depuis Caïn jusqu'à nos jours, il y a eu des révolutionnaires; le jacobinisme est la suite la plus immédiate, ou peut être le fond même du péché originel.

Les révolutionnaires sont aujourd'hui complètement démasqués par leurs propres excès; et quoique l'hypocrisie soit un des traits de leur caractère, leurs moindres démarches décèlent sur le champ ce qu'on doit attendre de leur influence, parce que le crime est nécessairement une de leurs maximes d'Etat.

Les peuples anciens, qui personnifiaient toutes les affections de l'âme, auraient confondu l'esprit révolutionnaire avec le génie de l'erreur. Tous les systèmes enfantés par la révolution sont en effet marqués au coin du faux le plus absolu; les révolutionnaires ont la perfide adresse de concevoir toujours leurs plans de gouvernemens sur une perfectibilité qui n'existe pas dans la nature. Ces gouvernemens s'appuyant sur des bases imaginaires, croulent ou marchent vers l'arbitraire, et c'est le véritable moyen de continuer l'anarchie ou d'arriver au despotisme. Ils considèrent les peuples comme n'ayant ni passé ni avenir, et, dans cette supposition, ils leur donnent des codes et des lois qui ne se rattachent à aucun principe, et qui ne prévoient rien de ce qui est nécessaire à la sûreté et à la durée du corps social. Les révolutionnaires ont aussi créé des institutions immorales et athées, parce que, rétablissez la religion et les mœurs, et il n'y aura plus de révolution.

Ce serait une recherche curieuse pour l'histoire morale de ce siècle, que l'examen du caractère et de l'influence des révolutionnaires depuis cent ans; or, je comprends dans ce parti non seulement tous ces hommes ambitieux qui conspirent continuellement contre la tranquillité des nations et des gouvernemens, mais encore ceux qui veulent détruire tous les freins que la religion, les mœurs ou les lois opposent à leurs passions dépravées; car il ne faut pas s'y tromper; et c'est vainement que les révolutionnaires ont essayé, pour donner le change sur leurs opinions politiques, de se parer des apparences d'une vertu stoïque, l'esprit des révolutions est réellement indivisible. L'homme qui est assez malheureux pour aimer ou provoquer une vicissitude continuelle de troubles politiques, pour se livrer aux dangereuses spéculations d'un libéralisme insensé, cet homme, dis-je, est tout aussi impatient du joug des mœurs que du pouvoir politique le plus sage; l'orgueil, l'avarice et l'ambition portent son esprit vers l'anarchie, et poussent en même temps son cœur vers l'athéisme et le libertinage. Il faut en effet un médiocre effort de raisonnement pour concevoir que l'athée et le libertin sont naturellement enclins à s'affranchir de tous les liens sociaux ; de même celui qui médite la ruine des lois, se délivrera d'abord de tous les obstacles que la religion ou les mœurs pourraient opposer au développement de ses projets ; il ne peut se lancer dans la lice des révolutions qu'autant qu'il sera allégé du fardeau de sa conscience, et il n'aurait alors d'autre but que de légitimer, par le succès, ses crimes et ses passions. Au défaut du raisonnement, qui démontre que l'esprit révolutionnaire complique tous les genres de dépravations, l'expérience nous le prouve. Si la prudence ou le dégoût qu'inspirerait un pareil travail n'arrêtaient pas, il serait facile de faire voir que, depuis 1789, tous les héros révolutionnaires étaient aussi dépravés dans leurs mœurs particulières, que farouches, avides et extravagans dans leurs opérations politiques. En suivant une échelle assez étendue, on verrait que depuis Mirabeau jusqu'à Robespierre, et depuis ce dernier jusqu'aux plus obscurs révolutionnaires, tous les genres de débauches, tout ce que la dépravation a de plus honteux, ont été reproduits par ces hommes qui se paraient des titres de sages, d'incorruptibles et de désintéressés. C'est en vain que quelques contemporains, encore abusés, s'empressent de mettre en parallèle, et pour atténuer les uns par les autres, les crimes et les vertus de certains révolutionnaires; cette compensation, si elle existait, ne prouverait nullement d'abord que les auteurs des forfaits de la révolution étaient de bonne foi dans leur conduite, parce que l'on peut avoir quelques vertus sans les posséder toutes. Tel peut mépriser l'or, et avoir soif du sang, être fidèle à sa parole, et convoiter le pouvoir; enfin, il n'est pas rare d'avoir, comme homme privé, quelques qualités estimables, et d'être en même temps, comme homme d'Etat, sanguinaire et artificieux; mais ces sortes de distinctions ne sont pas applicables à nos révolutionnaires; les faits démentent ici leur hypocrisie; et que peut-on opposer à de semblables témoignages...? Le silence de la honte et le désir impétueux de comprimer la voix publique par la force et de nouveaux crimes. C'est donc un principe de vérité, et qui ne doit pas échapper aux méditations de l'esprit philosophique. L'homme qui s'abandonne aux écarts d'une raison orgueilleuse, et qui veut en faire la règle de son ambition, cet homme, dis-je, a déjà le cœur corrompu ; il est parfaitement disposé à embrasser toutes les conséquences de cette maxime révolutionnaire : *Il n'y a positivement et en soi, aucun vice et aucune vertu.*

Si, toujours appuyés sur les faits, et aidés de l'histoire, nous examinons le caractère des écrivains de cette faction, nous observerons que, sous la minorité de Louis XV, ces prétendus libéraux ne furent qu'obscènes; plus tard, ils furent impies et frondeurs; sous le Directoire, calomniateurs; sous Buonaparte, rampans, vils et mercenaires; en 1814, leur caractère devint un mélange de tous les défauts qu'ils ont montrés depuis la régence; enfin, aujourd'hui, l'excès de leur audace y a porté remède; toutes les tentatives qu'ils font ou voudraient faire, loin de leur réussir, ne peuvent que leur être funeste. En butte à la défiance de tous les peuples et à la haine de tous les gouvernemens, le seul mal qu'ils produiront, si toutefois c'en est un, sera de porter l'opinion publique à augmenter les prérogatives du trône, chaque fois qu'ils essaieront de pervertir ou d'éluder les institutions constitutionnelles. Qui ne connaît d'ailleurs les intentions de ces hommes immoraux et dangereux?

Quelle confiance, quelle estime peut-on leur accorder ? Egarés par des principes faux ou des espérances coupables, ils se vantent d'être sages, et l'expérience pourtant ne peut les instruire. Ils sont insensés au point de chercher le bonheur dans les voies du crime et de l'irréligion, et la prospérité publique dans des théories subversives de l'ordre! Méprisables adulateurs de toutes les tyrannies, insolens frondeurs de la clémence, la générosité de Titus les irrite, et les vertus de Marc-Aurèle les outragent! Ils sont nés pour ramper sous les Tibère et les Néron, parce que leur lâche ambition, leur insatiable avarice ont toujours convoité les honteux honneurs des Séjan et des Tigellin; et cependant ces hommes, dont la conduite, les principes et les projets sont manifestes aux yeux du genre humain, ne craignent pas de se dire les amis, les soutiens de la véritable liberté, et de se vanter de leur patriotisme! Mais personne ne veut de leur liberté, qui n'est que le signal de la licence lorsqu'ils ne règnent pas, et qui devient le plus affreux despotisme lorsque leurs mains sont armées du pouvoir.

Après avoir révolutionné avec le feu et la flamme, nos libéraux se sont un peu ravisés.

Ils veulent aujourd'hui réhabiliter leurs principes, et nous prouver que l'on peut faire une révolution sans compromettre la vie ou la fortune de personne, que rien n'est plus facile, et ils nous promettent, en conséquence, une révolution à *l'eau rose*. Voilà le fin du métier : cette perfection manquait à notre siècle. Attentifs à tout ce qui se passe, les libéraux des deux mondes semblent liés par une espèce de confraternité, et ils se rendent en quelque sorte solidaires les uns des autres. Lorsqu'ils ont bouleversé un gouvernement ou avili un trône, ils évitent eux mêmes les moindres excès, et ils ont toujours soin d'annoncer que tout s'est passé tranquillement. Il est facile de concevoir que les révolutionnaires, discrédités par leurs crimes, ont besoin, en ce moment, d'afficher quelque modération; mais en supposant que cette conduite ne soit pas un nouveau piége tendu à la crédulité des peuples, les révolutionnaires pourraient-ils arrêter les conséquences de leurs principes, puisqu'ils finissent eux-mêmes par en être presque toujours les victimes? Nous persuaderont-ils que les hommes assez coupables pour méditer des bouleversemens qui ne peuvent s'effectuer que par la force ou des complots, donneront un frein à leurs passions? en imposeront-ils un à celles de la multitude, instrument ordinaire de leurs opérations? Non sans doute, et tôt ou tard les révolutionnaires mêmes l'apprennent à leurs dépens.

Lorsqu'une faction, profitant des circonstances ou de la faiblesse du gouvernement, marche vers son but, tout est paisible et tranquille à ses yeux, parce que nous ne voyons les choses que relativement à notre position; mais lorsque le pouvoir, alarmé par les plus sinistres symptômes, veut arrêter les progrès de cette faction, et revenir aux véritables bases de l'ordre et de la paix publiques, alors il y a trouble, désordre aux yeux du parti contrarié; les cris du mécontentement, et souvent ceux de la révolte se font entendre. C'est une observation essentielle, et qu'il ne faut pas perdre de vue, pour bien apprécier le caractère des libéraux de ce siècle. Plus timides, plus instruits, et beaucoup moins décriés que leurs devanciers, ils s'avancent aussi moins hardiment dans la carrière : mêlés et confondus avec tous les vétérans de la révolution, cet amalgame leur fait tort, et ils le sentent bien. Ils ont d'ailleurs à surmonter la lassitude causée par les secousses révolutionnaires, et ils ont besoin de la plus grande habileté pour conserver quelque crédit ; ils seraient peut-être quelque chose s'ils pouvaient échapper au ridicule ; mais le règne de Buonaparte, et surtout les trois mois de 1815 les ont placés dans des positions si singulières et si contradictoires avec celles qu'ils essaient de prendre aujourd'hui, qu'une partie du public se moque d'eux, et que l'autre les méprise. Une faction qui se trouve entre deux alternatives pareilles, prend rarement de la consistance, et il a fallu toutes les fautes de certain ministère pour donner un ascendant considérable et dangereux à un parti sifflé et méprisé.

Ce qui distingue encore les libéraux d'à-présent, c'est leur manie d'écrire. Jamais on n'avait vu plus de gens avec la vocation d'auteur ; beaucoup végètent dans l'obscurité ; mais il en est aussi qui jouissent de quelque considération. Du reste, qui connaît un libéral les connaît tous, et c'est un phénomène particulier à cette secte. Voulez-vous en bien apprécier le caractère ? étudiez et écoutez l'illustre *Junius ;* il est déjà fameux, et s'enivre avec delices de sa célébrité. Il a manqué deux ou trois fois d'être chef de parti, et il affecte la candidature de ce poste important. Y parviendra-t-il ? Cela est douteux. En attendant, il fatigue la renommée de sa bruyante réputation. Junius, avant d'être républicain inébranlable, avait servi un prince; mais il s'est fait jacobin dans l'espoir de devenir prince à son tour. On le dit noble, on le croit même titré; mais il sacrifie son nom et son rang aux idées libérales; tels les premiers magistrats de Rome baissaient les faisceaux consulaires devant les prêtresses de Vesta. Ne vous avisez pas, en écrivant à Junius, de lui accorder un titre; il considérerait cette courtoisie comme un insulte; ne mettez pas même un *de* devant son nom, car il affecte, depuis que la Charte a reconnu la noblesse, de signer et de s'appeler *Junius* tout court. Ce n'est pas que Junius se croie l'égal de tout le monde; personne au contraire n'est plus intimement convaincu de son propre mérite; mais en cela, du moins, il est conséquent dans son plan de conduite; il veut régner avec ceux qui règnent, lorsqu'il ne peut pas les culbuter pour régner tout seul; c'est le flatteur ou l'adversaire né de tous les régimes, en un mot, un révolutionnaire parfait. Lorsque la lie du peuple gouvernait, ou plutôt déchirait l'empire, Junius quitta le cortége des grands et se fit populace; lorsqu'un tyran tout armé sortit du sein de l'anarchie,

Junius eut peur, et se fit courtisan. Depuis quelques mois il est indécis sur le parti qu'il va prendre ; mais l'année dernière, Junius sentant que le ministère était faible et plus peureux que lui, se montra fort et courageux ; il reparut à la tribune aux harangues, et se rendit le défenseur des intérêts révolutionnaires ; or, ces intérêts ne sont autres que les avantages particuliers de Junius et consorts ; ennemis déclarés ou secrets de tous les gouvernemens où ils ne dominent pas entièrement, ils chercheront toujours à les renverser, jusqu'à ce qu'ils en aient fait un.

Junius espérait être, il y a peu de temps, parvenu à son but ; il ne s'abaissait plus à flatter un ministère qui semblait le craindre, il lui commandait et le traduisait à sa barre. Armé de toutes les lois dont il avait commandé la façon à ce faible ministère, il faisait élire, destituer, placer tout ce qu'il voulait ; il semblait qu'il prît à tâche de faire un scandaleux abus de toutes nos libertés, afin de démontrer la nécessité de les restreindre. Junius, dont le cœur est naturellement sec et dur, paraît quelquefois s'attendrir, mais c'est pour des gens aussi impitoyables que lui, pour les bourreaux du Juste couronné. Si on lui résiste, si le rappel des régicides excite une improbation générale, c'est alors que Junius et ses amis font avancer leur corps de réserve ; l'or circule, et un régicide est lancé, par une projection électorale, au pied du trône de saint Louis. Ce n'est pas que Junius s'intéresse beaucoup aux restes impurs de la Convention ; il redoute, au contraire, la plupart de ces vétérans de la révolution ; leur concurrence pourrait lui nuire dans le *parti;* il n'a d'autre but que d'outrager la légitimité, que d'imprimer une tache ineffaçable au ministère. Que Junius réussisse, et, vingt-quatre heures après, il enverra à l'échafaud, si ce sacrifice est nécessaire pour rétablir sa réputation, ces mêmes régicides dont il a sollicité le rappel.

Afin de couvrir ses nombreuses inconséquences, et déguiser ses penchans secrets, Junius affecte d'admirer tout ce qui est grand et beau, abstraction faite de toute autre considération ; il crie sans cesse contre le despotisme ; et cependant il salue avec respect le rocher de Sainte-Hélène ; il parle de clémence, mais il ne peut s'empêcher d'admirer les talens, la sagesse et la fermeté de la plupart des gouvernemens révolutionnaires ; il prêche la morale publique, néanmoins il est le protecteur avoué de toutes les éditions compactes de nos sophistes, et traite de scandaleuse l'institution des Missionnaires; il est grand enthousiaste de la gloire nationale; ce mot résonne à chaque instant dans sa bouche et semble couler naturellement de sa plume; mais notre gloire ne commence pour lui qu'en 1793, et finit à Waterloo. Duguesclin, Bayard, Turenne et Catinat lui sont inconnus, ou plutôt il voudrait les faire oublier. Junius se dit éminemment Français, et pourtant il veut déshériter la France de douze siècles de gloire. Consumé du plus ardent patriotisme, l'étranger, les alliés mêmes lui font horreur; mais comme la légitimité lui est encore plus odieuse, on l'a vu, réuni à ses complices, offrir la couronne de France au premier prince anglais, allemand ou russe qui aurait été assez fou pour l'accepter de pareils gens.

Junius recommande l'union et l'oubli; il s'indigne qu'on ose porter un souvenir de douleur sur des parens ou des amis assassinés par le tribunal révolutionnaire; il crie à la réaction, lorsqu'un soldat de Condé ou de Charrette, en proie à une scandaleuse misère, sollicite de la munificence royale les plus faibles secours; on le croirait même tenté quelquefois d'attaquer en calomnie ceux qui se permettent de maudire la mémoire de Marat ou de Robespierre. Oublions le passé, dit-il, soyons unis......! Mais ce même Junius, qui voudrait étouffer les sentimens de la nature, et qui refuse un hôpital au malheur et à la vieillesse, retrouve toute sa sensibilité pour les prétendus proscrits du Champ-d'Asile; il veut l'oubli, et à chaque instant ces mots : *Saint-Barthélemy*, *féodalité*, *fanatisme*, sortent de sa bouche; il reproche aux *hommes monarchiques* des intelligences avec les étrangers; et, chaque jour, pendant long-temps, il envoyait en Angleterre les plus plates calomnies contre la France.

Junius et ses amis ont adopté pour le serment une doctrine toute particulière; ils ont juré, une fois pour toutes, fidélité au sol; c'est ainsi qu'ils appellent la patrie; et d'après cela, aucun autre serment ne peut invalider le premier, qui, à parler plus franchement, rend tous les autres de pure forme. Si vous proposez à Junius quelques difficultés sur une manière si étrange de raisonner, il sourit de pitié, ou bien il vous développe son système, s'il vous juge digne de l'entendre (1).

---

(1) Les portraits que je trace offrent plutôt l'expres-

Du reste, l'on assure, mais nous ne le garantissons pas, que Junius n'est point un méchant homme; il se tracasse, il se tourmente, il s'efforce continuellement de brouiller les affaires, parce que, sous tous les régimes possibles, il veut de l'or, des places et des dignités. Mais après tant de travaux, de se-

sion animée de la physionomie caractéristique d'un parti, d'une opinion, que la ressemblance de tel ou tel individu; il est donc inutile d'y chercher des personnalités. Il est pourtant libre à chacun de s'y reconnaître ou d'y voir son voisin. Un livre destiné à la peinture morale des passions ou des opinions qui agitent les contemporains, peut et doit même produire cet effet. Pour ne pas laisser une trop grande latitude aux applications personnelles, j'ai élagué de mes réflexions les anecdotes ou les faits particuliers et trop connus. Voici cependant une anecdote que je ne puis m'empêcher de rapporter, parce qu'elle découvre à nu le génie, ou plutôt la profonde hypocrisie de ce parti qui ose s'appeler *libéral*. On demandait à un célèbre sophiste politique pourquoi lui, républicain inébranlable, ennemi de toutes les tyrannies, il avait endossé la livrée d'un despote, quelques jours après avoir invectivé ce même despote dans les journaux; il répondit ingénûment : *Il est vrai, j'ai tourné trop court.* Commentez ce mot, ce cri de la conscience, et vous aurez une juste appréciation de l'estime que l'on peut faire de la loyauté et de la pureté de ce parti. *Ab uno disce omnes* cousses et d'opinions contradictoires, que deviendra Junius s'il réussit....? Il se fera honnête homme, jusqu'à ce qu'un autre révolutionnaire plus fort ou plus habile l'ait culbuté pour se faire honnête homme à son tour.

En relisant la critique que Molière a faite lui-même de son *Ecole des Femmes*, j'ai réfléchi sur le pouvoir de ces locutions banales auxquelles on a donné le nom assez mal sonnant de lieux communs : *tarte à la crême, te dis-je, tarte à la crême.* Telle est la logique que Molière prête à un jeune écervelé qui, pressé par les raisons d'un homme affermi dans les principes de la saine littérature, ne sait plus que dire, et cherche à étourdir son adversaire. Molière, qui connaissait parfaitement tous les ressorts de l'esprit humain, n'ignorait pas quel empire un lieu commun aussi trivial et aussi dépourvu de sens qu'on le suppose, exerce sur la multitude. En effet, cette *tarte à la crême*, si maladroitement détachée d'un ensemble parfait, devient pourtant, chez un jeune fou, un argument presque victorieux, en ce qu'il déconcerte un homme prudent et réfléchi ; qu'il sert de renfort à un certain pédant envieux et à grandes doctrines, et qu'il autorise quelques imbécilles à crier, dans le brouhaha, contre des choses au-dessus de leur portée. Cette scène, qui fut bien appréciée par les contemporains de Molière, et qui le vengea de ses Zoïles, offre aujourd'hui une image de la tactique de nos révolutionnaires. Ils connaissent aussi à fond la force et l'usage des lieux communs; ils savent ce que peut sur le peuple la magie des mots. La *tarte à la crême* du critique de Molière n'a-t-elle pas un air de famille avec les *privilèges*, la *féodalité* et le *fanatisme*, qui, selon les écrivains libéraux, *secouent leurs chaînes de fer sur la France?* On pourrait comparer ces deux dilemmes, ils sont aussi victorieux l'un que l'autre; on en ferait facilement autant de tous les lieux communs révolutionnaires; ils sont de la même force et se ressemblent presque tous :

Facies non omnibus una
Nec diversa tamen; qualem decet esse sororum.

Que répondent en effet les révolutionnaires aux sages raisonnemens des amis de l'ordre? Qu'objectent-ils à la nécessité d'une religion et d'un pouvoir légitime? Que disent-ils lorsqu'on leur démontre que leurs projets, leurs discours, et toutes les lois qu'ils voudraient obtenir ou conserver, tendent à la confusion, à la révolte, à la dissolution du corps social ? De grandes phrases vides de sens, pleines de mots, parmi lesquels vous entendez résonner : *aristocratie, priviléges, féodalité.* Le son de ces expressions se prolonge au loin comme celui du tocsin, et le peuple qui en est frappé s'imagine qu'on ne peut prier Dieu et servir les Bourbons sans être soumis à l'inquisition et à la glèbe. Voilà l'effet puissant des lieux communs, et les révolutionnaires le savent bien. Il ne faut pas croire pourtant que les libéraux soient foncièrement dupes des craintes qu'ils cherchent à répandre ; non certes, et il ne suffit pas de signaler leur perfide adresse dans l'emploi des lieux communs ; il faut, pour achever le tableau de cette secte dangereuse, donner la traduction littérale du sens que les révolutionnaires attachent eux-mêmes aux expressions banales qu'ils emploient journellement.

Que prétend-on faire d'une *tarte à la crême* contre Molière ? Cette misérable plaisanterie n'a pour but que de décrier un chef-d'œuvre qui avait déjà fait les délices de la cour et de la ville. Que signifient ces cris contre le fanatisme et la féodalité? Ces deux expressions ressemblent à ces deux prétendus mots turcs que Covielle traduit par une phrase si longue au bourgeois gentilhomme; traduisons aussi, et ne nous étonnons pas, comme M. Jourdain, que deux mots puissent signifier tant de choses; car les lieux communs des révolutionnaires sont comme les livres sibyllins, ils peuvent armer Brutus ou couronner César; ces messieurs nous en ont donné des preuves, et c'est d'après leurs propres traditions que je me rends leur traducteur.

« Peuple, disent-ils, l'hydre féodale te me-
« nace de nouveau; vois ces privilégiés traî-
« nant à leur suite tous les fléaux des siècles
« barbares: les dîmes, les cens, les champarts
« vont dévorer tes moissons; le fanatisme, la
« torche à la main, est prêt encore à tourmenter
« les consciences. Aux armes! défends-toi!
« nous dirigerons tes efforts! »

Sens littéral:

« Peuple, nous nous soucions très-peu de
« toi, et, conformément aux dispositions de nos
« vénérables maîtres Voltaire, Diderot, Buo-
« naparte, etc., nous avons le plus profond
« mépris pour tout ce qui est peuple; ce qui
« n'est pas NOUS est à nos yeux la plus vile

« roture : nous avons aussi notre noblesse ; elle « se compose de ces hommes courageux qui « pensent, écrivent, agissent ou ont agi contre « les lois, les mœurs, la religion et la légiti- « mité ; nous avons, comme les nobles vul- « gaires, qui se divisent en chevaliers, barons, « comtes, etc., une hiérarchie dont les rangs « se distribuent d'après la nature des services « rendus contre *l'infâme.* Ne crois pas, vile « canaille, que nous descendions jamais jus- « qu'à toi ; fiers de nos actes, de nos votes et « de nos opinions, tous les princes et les barons « de la diète de Ratisbonne n'ont jamais eu « notre morgue et notre noble mépris pour « le commun. La féodalité, le fanatisme « sont des chimères auxquelles nous croyons « beaucoup moins qu'aux revenans ; mais com- « ment se faire entendre d'un grossier vulgaire? « Irions-nous dire tout crûment : La légitimité « nous fait horreur, parce que sa tendance na- « turelle est de paralyser les révolutions, parce « qu'elle renverse trente ans de travaux et « d'espérances ! Ne pouvant donc braver ou- « vertement le trône et la légitimité, nous « détachons quelques souvenirs épars qui peu- « vent, à la rigueur, se rattacher à l'histoire « du trône légitime. Il y a quelques cent ans,

« les princes et les peuples, aussi peu éclairés « les uns que les autres, se sont livrés aux « excès du fanatisme; des institutions défi- « gurées à la longue par les siècles et la bar- « barie des mœurs, étaient devenues tyran- « niques et opprimaient les peuples. Nous « nous gardons bien de dire, quoique nous le « sachions très-bien, que la dynastie capétienne « n'a cessé de travailler, depuis son fondateur, « à affranchir et à policer la nation; que la « liberté publique, la prospérité du commerce « et des arts ont toujours été le but constant, « le vœu intime de la politique de trente-cinq « rois; et qu'enfin, après huit siècles de soins « assidus, les Français étaient libres sous « Louis XVI, la religion florissante, les cons- « ciences tranquilles, le commerce et les arts « dignement honorés. Nous savons bien que, « dans un tel état de cause, il faudrait, pour « revenir au fanatisme et à la féodalité, rétro- « grader, non pas de trente ans, comme nous « le disons, mais de quatre siècles au moins, « ce qui serait impossible, même au bras ré- « volutionnaire. Cependant, par une espèce « de magie de panorama, nous rapprochons « le terme de l'existence de ces deux fléaux, « jusqu'à la veille du 14 juillet 1789.

« Le *fanatisme*, dans notre langage, veut « dire *religion*. Nous accordons, par grâce, « une morale religieuse, mais pas davantage, « cela irait trop loin. Feu la Convention l'avait « décrétée, et comme elle marchait vite en « besogne et profitait de tout, elle fit guillo- « tiner la faction des athées, autre lieu com- « mun, avec lequel on battit monnaie quelque « temps au profit de qui de droit. Nous vou- « lons donc une morale religieuse, mais pas « de principes religieux. Une morale sans prin- « cipes est quelque chose d'assez singulier, il « est vrai, mais ce sera une célèbre *notabilité*, « et, du reste, l'entendra qui voudra. D'ailleurs, « faut-il dire le fin mot : nous n'en voulons « pas tant à la religion qu'au clergé actuel ; il « nous effraie, il nous en impose. Eh quoi ! « une masse d'évêques, d'ecclésiastiques de « tout rang, éprouvés par les plus glorieuses « adversités, distingués par leur résignation et « leur patriotisme, et parmi lesquels on compte « beaucoup de gens instruits et habiles.... ! Si « quelque funeste concordat allait répartir cette « Eglise parmi les peuples, que deviendraient « nos grands principes, nos aimables sarcasmes, « nos puissans lieux communs, la révolution « enfin ? L'exemple et les discours de tous ces

« prêtres nous ruineraient sans ressource. *Dii* « *avertant !*

« Pour finir de nous expliquer, la féodalité « ne nous fait pas tant de peur que l'on pense, « et même nous l'aurions bien rétablie à notre « profit, si le victorieux, mais, hélas! non in- « vaincu Buonaparte avait régné plus long- « temps. Notre intention était de reprendre ce « fameux projet minuté en 1809, et la France « eût été partagée en grands et petits fiefs, où « nous aurions réparti le peuple par masse de « population. Nous fûmes obligés, il est vrai, « d'ajourner l'exécution de ce plan patriotique, « parce que nous crûmes nous apercevoir « qu'elle surpassait le pouvoir d'un despote au « comble de sa puissance, et qui faisait contre- « signer ses décrets, quand cela lui plaisait, par « neuf cent mille baïonnettes. La puissance co- « lossale de Buonaparte, secondée de notre « insatiable avarice, n'ayant pas été suffisante « pour rétablir la féodalité, n'est-il pas adroit « de notre part de persuader au peuple que ce « rétablissement est possible aujourd'hui ?

« En un mot, nous avons formé et constitué « une alliance perpétuelle offensive et défen- « sive avec tous ceux qui n'ont rien et ne va- « lent rien, contre les gens qui ont ou valent

« quelque chose. Il nous faut de l'or, des places,
« des dignités; et pour en dépouiller continuel-
« lement ceux qui les possèdent, nous nous ser-
« vons de la multitude, dont nous échauffons
« les passions par quelques lieux communs
« qu'elle ne comprend pas, mais qui produi-
« sent leur effet. »

CHAPITRE CINQUIÈME.

L'an mil huit cent dix-huit.

Dum stulti vitant vitia in contraria currunt.
(HORAT.)

UN écrivain estimable et dont la célébrité est un bienfait, vient de faire une peinture aussi éloquente que vraie de tous les maux que peut entraîner l'indifférence en matière de religion. Ce dernier retranchement de la dépravation et de l'athéisme a été vigoureusement attaqué, et tous les honnêtes gens ont applaudi au triomphe du vainqueur. L'insouciance en fait de religion est l'excès opposé du fanatisme, comme l'indifférence absolue sur les opinions ou les sentimens politiques, est l'excès opposé de l'esprit de parti. Tous ces extrêmes sont également funestes. Si l'esprit de parti cause presque toujours des secousses ou des mouvemens dangereux, l'indifférence totale produit l'abâtardissement de toutes les vertus sociales, anéantit le patriotisme, et par conséquent l'industrie. Les malheurs que cause l'esprit de parti ont des résultats effrayans, mais ils sont, en général, de courte durée; il ne faut même qu'un degré ordinaire d'habileté pour contenir les partis, et pour faire tourner au profit des lois, des mœurs et de la religion, l'espèce de vitalité et d'énergie qu'ils entretiennent dans une nation. Il n'en est pas de même de l'indifférence: un peuple chez lequel on remarque les symptômes de cette honteuse disparition, est une matière inerte et stérile qui n'est façonnée que pour la tyrannie; il ne lui manque plus qu'un tyran, et ce sera le premier ambitieux assez riche ou assez fort pour établir son droit par le fait. C'est à cette indifférence complète en matière politique que les Romains ont dû le déplorable avilissement dans lequel ils tombèrent sous les successeurs d'Auguste. Ce sénat, ce peuple jadis rois du monde, passaient comme de vils troupeaux, du cruel Caligula à l'imbécille Claudius, et du généreux Titus au féroce Domitien. La tyrannie ou l'incapacité produisent également cette funeste indifférence; cette situation est aussi la dernière ressource des révolutionnaires contre la légitimité. Après avoir fatigué une nation par tous les genres de troubles, ils cherchent à lui inspirer la plus profonde indifférence pour toutes les institutions capables d'arrêter les révolutions, car la doctrine des gouvernemens de fait est, en politique, ce qu'est, en morale, cette exécrable maxime : Il n'y a ni vice ni vertu en soi. Un peuple indifférent à toute espèce de régimes et de gouvernans, et qui est disposé à recevoir les ordres et la livrée du premier révolutionnaire assez audacieux pour forcer les barrières de la capitale ; un tel peuple, dis-je, n'est qu'un canevas à révolutions ; il est l'objet du mépris et des inquiétudes de ses voisins ; il est sans cesse exposé à leurs invasions, parce qu'il n'aura jamais assez d'énergie pour se défendre, et il doit renoncer à l'espoir d'un avenir heureux et tranquille.

Les excès de l'esprit de parti sont visibles ; leur marche rapide et toujours désastreuse ne saurait échapper à la pénétration la plus commune, et il ne faut presque toujours qu'une sage énergie, et même qu'une volonté ferme pour en arrêter les progrès. L'indifférence, au contraire, est un vice interne et caché qui se développe d'une manière lente, qui mine sourdement, dont les symptômes sont difficiles à saisir, et qui s'aperçoivent souvent lorsque le mal est devenu incurable. On ne saurait donc prendre trop de précautions pour préserver un peuple de cette fâcheuse maladie. La crainte de tomber dans l'excès opposé ne peut en imposer qu'à l'incapacité. Il n'est pas difficile de concevoir que dans l'ordre moral, comme dans l'ordre physique, il existe des choses qui ne peuvent jamais se confondre ou s'amalgamer ensemble. Si les dépositaires du pouvoir, sous prétexte de ne mécontenter aucun parti et de les rattacher tous au gouvernement, embrassent tour à tour les opinions de ces divers partis, ils ne feront autre chose que de les mettre successivement aux prises les uns contre les autres, et il s'ensuivra un horrible désordre. Si les ministres essaient de se faire une opinion mixte, ils n'inspireront que la défiance et le mépris, et tous les partis seront contre eux. Le peuple, qui souffrira sans cesse de tous ces froissemens, et aux yeux duquel le ministère rendra problématiques ou douteuses toutes les opinions, toutes les vérités politiques; le peuple, dis-je, lassé et mécontent de tant de vicissitudes continuelles si funestes à son repos, deviendra indifférent, perdra son énergie et son patriotisme. Il est une marche plus conforme au bon sens et à la dignité du gouvernement; tant qu'une opinion ne se manifeste pas d'une manière dangereuse, il n'est pas permis de la punir, parce que nul n'a de juridiction sur le domaine de la pensée; mais ce n'est pas une raison pour donner à cette opinion un rang légal dans la hiérarchie politique; une telle concession est avilissante pour le gouvernement, et ne peut causer que du désordre. Les droits de la tolérance politique ne s'étendent pas plus loin, et les ministres doivent professer hautement et franchement toutes les opinions analogues aux bases fondamentales de la Constitution de l'État; ils doivent agir dans ce sens, et méconnaître ou réprimer tous les partis, ou les individus qui établiraient des distinctions ou des modifications dans les doctrines politiques nécessairement dominantes. Dans une monarchie, par exemple, il ne doit exister qu'une seule opinion d'État ou dominante; toutes les autres ne peuvent être que tolérées et surveillées. Lorsque les agens de l'autorité sont tous dans les principes dominans, l'opinion d'État se propage bientôt, et produit un esprit public entièrement prononcé en faveur du trône; elle animе le zèle et le patriotisme, et contient dans de justes bornes celles qui lui sont opposées. La nation ne flotte plus incertaine au gré des partis; rassurée contre les craintes d'une révolution, elle s'attache au gouvernement et le sert avec affection.

Le ministère de 1818, en tenant une conduite toute opposée, a failli priver le peuple de patriotisme, de force et de vertu. Ce ministère, trop faible et trop ignorant pour comprimer les effets de l'esprit de parti, se jeta, par un calcul digne de son incapacité, dans l'excès contraire. Cette année 1818 sera à jamais célèbre parmi celles de ce siècle; elle offre, aux yeux de l'observateur, un exemple frappant des effets de l'immoralité politique. On s'imagina pouvoir appliquer aux opinions politiques le même système qu'à la tolérance religieuse. La Charte admet aux emplois, aux charges de l'Etat, tous les Français, quelle que soit leur religion; on crut aussi pouvoir appeler aux fonctions publiques tous ceux présumés en état de les remplir, sans avoir aucun égard à leurs principes, à leur conduite présente ou passée, et à leurs intérêts personnels, directement opposés quelquefois à ceux du gouvernement. Dans la crainte d'alarmer le moins du monde les consciences politiques, on n'exigea même de personne aucune garantie, aucune modification des opinions, et on laissa chaque fonctionnaire s'acquitter de ses devoirs dans le sens de ses principes particuliers. En prenant la tolérance religieuse pour modèle, on outrepassa ce système, car la religion catholique est celle de l'Etat; et les principes conservateurs de l'ordre et de la légitimité devaient être au moins ceux du ministère. La tolérance religieuse n'exige pas non plus que l'on soit tour à tour et indifféremment juif ou chrétien, ou que l'on se forme une croyance mélangée des dogmes de toutes les sectes : c'est pourtant dans ce sens que certain ministère entendait la tolérance, ou plutôt, comme il s'exprimait, la fusion politique. Afin d'obvier aux inconvéniens de ce système, car nos hommes d'Etat avaient la bonne foi de convenir que rien en ce monde, même leurs conceptions, n'était parfait, on imagina le jeu de la bascule. Le ministère, tranquille spectateur, laissait les factions se déchirer dans l'arène; chacun, dans sa sphère, faisait, parlait ou administrait à sa fantaisie; mais lorsqu'à force d'agir ou de crier, le désordre paraissait se rallentir par l'ascendant que prenait une opinion quelconque, le ministère sortait de son apathique repos, courait à sa bascule, en faisait jouer les ressorts, et rétablissait la confusion. Il a fallu toute la suffisance de l'orgueil pour voir le comble de l'adresse dans cet épouvantable gachis, et tout l'aveuglement de l'ignorance pour imaginer que l'on établissait l'union et le patriotisme en alimentant ce désordre scandaleux; il est impossible de concevoir un système plus extravagant, et on le prendrait pour une inspiration du mauvais génie de la France, si l'on ignorait qu'il fut tout simplement la conception bizarre d'un individu sans talent, et surtout sans expérience.

A quels excès, aussi honteux que ridicules, n'a-t-on pas poussé ce déplorable système!....? Une rébellion dangereuse se manifeste; cette fois la bascule, qui n'est propre qu'à continuer la confusion, serait impuissante pour rétablir l'ordre. La peur a envahi le ministère; il commande à la fidélité de déployer son énergie; il ordonne des mesures vigoureuses, et la révolte est apaisée. Il faut alors que les révoltés oublient et pardonnent les rigueurs qu'on a été obligé d'exercer contre eux, et l'on ne trouve pas de meilleur moyen, pour obtenir ce résultat, que de flétrir et de traîner dans les cachots, ceux même qui ont combattu les rebelles. On ignore ou l'on feint d'ignorer qu'outre l'injustice et l'ingratitude de cet infâme procédé, on légitime en quelque sorte l'attentat des séditieux ; on fait preuve d'une lâche pusillanimité ; on s'expose à de nouveaux troubles et à ne plus trouver d'hommes assez courageux pour risquer d'être punis de leur fidélité. Je ne crois pas que depuis la fondation de la monarchie, on trouve beaucoup d'époques pareilles à celle qui, espérons-le, vient de finir ; il semble que sous prétexte de réunir tous les cœurs, d'éteindre l'esprit de parti, on ait pris à tâche de suivre, dans toute son extension, ce modérantisme insensé qui tolère tous les vices, et rend douteuse la nécessité de la vertu. La faveur scandaleuse dont jouissaient certains hommes auxquels on ne devait que l'oubli, le mépris que l'on témoignait pour d'autres justement estimés, la réprobation dont on frappait également et l'expression des sentimens les plus dignes d'éloges, et le développement des opinions les plus perverses, formaient des contrastes si singuliers, que le peuple aurait fini par ne plus savoir où était le bien et où était le mal. Le ministère, en tenant une pareille conduite, ne s'apercevait pas qu'il paralysait les forces et le zèle de tout un peuple, et que lui-même était chaque jour à la veille d'être renversé avec le trône, par le premier parti assez audacieux pour affronter sa ridicule bascule, et pour profiter de la profonde indifférence que la nation commençait à prendre à l'égard de tous les genres d'opinions ou de gouvernemens. Le mal était parvenu à un point, que le plus sûr moyen de s'attirer des disgrâces était de professer une opinion quelconque, ou seulement d'être soupçonné d'en avoir une. L'homme connu par son inviolable attachement au trône légitime, comme ceux qui s'en déclaraient les ennemis, étaient également rejetés. La partialité la plus évidente avait lieu pourtant en faveur de ces derniers, et la raison en est simple : l'hypocrisie est le caractère distinctif des révolutionnaires; il ne leur en coûta pas beaucoup pour fasciner les yeux de ce faible ministère, qui servait d'ailleurs si bien leurs projets, qui ne leur demandait pas même l'extérieur des bons principes, et qui n'exigeait d'eux que du mépris pour toutes les opinions. Une circonstance particulière à cette époque de démence, favorisa encore les vœux des révolutionnaires; les royalistes avaient attaqué vivement le système du ministère; leurs opinions, comme il arrive toujours dans les discussions, ou lorsqu'on se croit en péril, avaient pris une apparence d'exagération. Le ministère, dont les vues étaient bornées, crut que cette exaltation tenait au fond même de l'opinion des royalistes, tandis qu'elle n'était qu'accidentelle, et le résultat naturel de leur mécontentement. Les ministres, effrayés de cette découverte, s'imaginèrent que les royalistes voulaient renverser la Charte, les lois, et surtout le ministère. Dès-lors la politique et l'égoïsme se réunissant contre les royalistes, dont il eût été facile et surtout plus prudent de diriger l'opinion, ils furent traités en ennemis publics; et le ministère, par une digne conséquence de son lumineux système, se jeta dans un excès contraire, c'est-à-dire entre les bras des révolutionnaires.

Le style des actes de ce temps, les journaux et pamphlets ministériels, tout se ressentait de cette honteuse indifférence que l'on cherchait à répandre dans le public, et l'on en serait venu au point que le cri de *vive le Roi!* eût paru un mouvement de l'esprit de parti. Mais il ne suffisait pas aux hommes d'Etat d'alors d'entretenir dans la nation une funeste insouciance; ils voulurent propager ce triste système par des moyens encore plus sensibles sur la multitude. On ne rougit pas d'exposer sur les théâtres des productions où l'on peignait des plus brillantes couleurs cette absence coupable de tous sentimens patriotiques qui rend un citoyen profondément indifférent aux destinées de sa patrie, de son Roi et de sa religion. On exaltait, dans de misérables pièces à tiroirs, cet égoïsme dangereux qui assimile l'homme à l'âne du vieillard de La Fontaine, et dont le résultat est de disposer un peuple à cet avilissement qui facilite les révolutions et les usurpations. Il est vrai que dans ces froides conceptions dramatiques, on avait soin d'excuser, en quelque sorte, la honteuse apathie du rôle principal, par l'exagération ridicule des personnages accessoires; le peuple riait des lazzis de mauvais goût que l'on prodiguait pour lui; mais les observateurs découvraient, dans le plan des auteurs de ces farces, la profonde sagacité du ministère. N'est-il pas pitoyable, en effet, que pour éviter des excès opposés, on se condamne à la nullité la plus absolue, que dans la crainte de commettre le mal on ne fasse aucun bien, et que, pour prévenir des secousses, on produise le désordre! Cette conduite ressemble à celle de ces insensés qui ont recours au suicide pour sortir d'embarras; elle annonce aussi un manque absolu de discernement.

Le ministère, enthousiaste de ce ridicule sytème, s'inquiétait peu de répandre le découragement parmi ses propres partisans; il les sacrifiait sans pitié et systématiquement, lorsqu'il jugeait à propos de faire mouvoir sa bascule. Les emplois, les administrations ressemblaient à de nombreuses auberges où les titulaires ne faisaient que s'arrêter pour laisser leur place à d'autres. Tel qui partait de Paris avec une nomination, s'étonnait, en arrivant à son poste, d'y trouver déjà son successeur, ou quelquefois encore il apprenait en route, par *le Moniteur*, sa révocation ou sa destitution. C'est ainsi que ce ministère, incapable d'apprécier le mérite, de faire de bons choix ou de prendre des mesures justes, faisait et défaisait, avançait et reculait sans cesse. On avait besoin d'un vote, on voulait mortifier tel parti, on craignait l'influence de tel autre; et alors, sans aucun motif apparent, sans aucun égard pour les convenances, on destituait aujourd'hui celui qu'on avait placé hier pour donner son emploi au favori du quart-d'heure. Le ministère, sans opinions, sans principes de gouvernement, sans aucun plan de conduite, ne savait ni conserver ses amis, ni réprimer ses adversaires: armé, dans les Chambres, d'une majorité dérisoire de deux ou trois voix, il vivait à la journée et s'abandonnait au hasard, disputant son existence à vingt partis divers qu'il brouillait ensemble sans pouvoir s'en attacher aucun; un délai de vingt-quatre heures était une victoire importante à ses yeux; sa politique, aussi faible que bornée, ne montrait d'énergie que pour sa conservation personnelle, et sa dernière ressource consistait dans des coups d'Etat aussi absurdes qu'inutiles. Les rênes de l'administration rompues sans cesse, ou transportées à des mains nouvelles, se brouillaient, et le désordre s'introduisait partout. Les fonctionnaires, découragés par l'incertitude de leur sort, sentaient faiblir leur zèle, le Roi était mal servi, et le peuple mécontent.

Le meilleur mode d'apprécier d'une manière certaine les résultats d'un système quelconque, c'est de se transporter par la pensée au temps où il était suivi, et ensuite, par une fiction permise dans une peinture des mœurs, d'examiner quelle serait la conduite d'un homme soumis à l'action de ce système. Rassemblons donc tous les traits épars du système ministériel de 1818; et pour en bien juger les conséquences ou les effets, appliquons-les à un individu; je ne saurais terminer d'une manière plus utile le tableau de cette singulière époque.

Polidore attend chaque matin *le Moniteur* avec impatience; il est préfet depuis deux mois, et il craint de subir le sort de trois de ses prédécesseurs qui ont été successivement destitués depuis un an. L'œil fixé sur la gazette officielle, il s'assure d'abord que son tour n'est pas venu, et qu'il n'a pas d'adieux à faire à ses administrés; il respire plus librement. Il parcourt ensuite avec une profonde attention les longues colonnes du journal; une espèce d'instinct lui fait deviner les articles empreints de l'esprit ministériel; mais quel est son effroi...! la veille, quelques lignes, que dis-je? un paragraphe tout entier, bien plus encore, un passage assez formel d'une des correspondances privées, lui avaient fait croire que le ministère voulait sérieusement protéger la dignité du culte public, adoucir le sort des curés de campagne, et vite Polidore avait expédié aux maires et aux sous-préfets une éloquente circulaire en ce sens; mais hélas! aujourd'hui X ou Z donnent à entendre que le clergé est insatiable d'honneurs et de richesses; voilà le ministère détrompé, voilà Polidore au désespoir; il mande le chef de ses bureaux. — Ma circulaire est elle partie? est-il temps encore....? — Monsieur, elle a été expédiée immédiatement après la signature. — Quel contretemps! quelle précipitation! — Monsieur, je pensais...... — Il s'agit bien de penser...... Et en disant cela, Polidore agite le fatal *Moniteur*. Le secrétaire se retire et va répandre l'alarme dans ses bureaux. Cependant Polidore est fort inquiet; il y a de quoi le faire destituer, car il se peut que précisément en ce moment le ministère ait le besoin urgent d'une voix pour former une majorité sans laquelle il sauterait infailliblement la semaine prochaine; il se peut encore que le ministère ait mendié ou gagné cette voix essentielle chez les libéraux, et que la première condition du marché soit la destitution d'un préfet assez sot pour croire la religion bonne à quelque chose. Polidore ne sait comment parer ce coup : il a pourtant des amis au côté gauche et au milieu du ventre; il veut leur écrire, mais le lendemain *le Moniteur* l'empêche de faire partir ses lettres; le ministère est un peu revenu sur ses pas, Polidore devient aussi plus calme; il ouvre ensuite avec une émotion visible les dépêches du ministre; il essaie de comprendre la première;

il exerce toutes ses facultés intellectuelles à saisir le sens, tantôt obscur, tantôt ambigu de la prose ministérielle. Le style de cette dépêche, saupoudré de métaphysique, étincelant des plus abstraits syllogismes, ressemble à celui des oracles ; aussi Polidore le révère comme tel, mais son obscurité le désole. Cependant, à force de méditer, l'intelligent préfet comprend que l'amplification ministérielle se réduit à le prémunir contre les royalistes, qu'on lui dépeint comme les ennemis acharnés du gouvernement royal, et qu'on lui ordonne de surveiller. En conséquence, Polidore surveille ; il cherche, il regarde, et ne trouve rien de suspect. Néanmoins, autre dépêche, par laquelle on lui demande des faits positifs, des anecdotes, et on l'interpelle de déclarer quels progrès a fait dans son département *la grande et secrète association royale.* Polidore s'évertue de nouveau, s'épuise en perquisitions ; enfin, après bien du temps, il découvre que dans son chef-lieu lui même, et non loin de l'hôtel de la préfecture, on s'assemble périodiquement et avec quelque mystère, pour s'occuper d'affaires politiques. Polidore est enchanté ; il parvient à s'emparer des papiers, des registres et de la sonnette du président de cette assemblée. Il se hâte d'examiner ses dépouilles opimes ; mais, à sa grande confusion, il s'aperçoit qu'il vient de dissoudre un club libéral et directeur des élections. Le pauvre préfet est rudement tancé de sa bévue ; on lui recommande d'être plus circonspect à l'avenir, et de ne pas troubler des citoyens paisibles qui, selon des renseignemens positifs, ne s'assemblaient que pour *boire du punch et manger des gâteaux.*

Polidore voudrait bien être délivré de la partie politique, et administrer tout simplement son département, car c'est un bon homme au fond. Peu lui importe cependant qui règne aux Tuileries ; sa sollicitude ne va pas jusque-là ; le ministre, n'importe de qui il est l'organe, est toujours le ministre pour lui. Tout gouvernement qui peut dater ses dépêches de Paris, et timbrer en rouge la suscription des mots AFFRANCHI PAR ÉTAT, est le véritable et légitime gouvernement aux yeux de notre préfet. Il fera réparer les routes, règlera le budget des communes, lèvera des conscrits et des impôts pour le Directoire, pour Buonaparte, pour le Roi, avec le même zèle et la même exactitude. Sortez-le de ses bureaux, tâchez d'élever son esprit jusqu'à l'examen de l'absolue nécessité d'un pouvoir légitime, Polidore ne vous entend plus, ou vous répondra en répétant les phrases qu'il aura lues dans *le Moniteur* du jour, parce que ce journal est officiel, et qu'on peut le citer sans se compromettre. Polidore a signé des adresses, des adhésions, des actes additionnels, des sermens, des proclamations mêmes, comme il signe tous les jours des bordereaux de contributions, ou des arrêtés sur le commerce des blés ou des bœufs; il considère tout cela comme des pièces administratives qui font corps avec le travail ordinaire des bureaux. On n'a rien à craindre de Polidore; jamais il ne conspirera contre un gouvernement dont il sera préfet; il lui sera fidèle jusqu'à ce qu'un courrier venant de Paris, lui ait signifié que le *vœu national* a changé l'ordre des choses. Alors il assemblera les autorités, fera des proclamations au peuple pour lui notifier le *vœu national*, et il continuera d'administrer au profit de ce *vœu*.

Polidore regrette, sans y prendre néanmoins beaucoup d'intérêt, le temps où toutes les opinions, comprimées par la main de fer d'un despote, ne donnaient aucune peine aux préfets; c'étaient les beaux jours de la bureaucratie départementale. Des décrets tyranniques, mais appuyés d'un système vigoureusement suivi, trouvaient une exécution facile ; un préfet alors n'avait besoin ni d'adresse ni de capacité. Organe d'un gouvernement impitoyable et fort, l'administrateur bornait son travail à écrire; les procédés, les soins paternels, de justes réclamations en faveur des peuples opprimés étaient des idéologies ridicules. Polidore, égoïste autant que dur, s'accommodait fort bien de ce régime, et ne faisait de frais de sensibilité que dans deux ou trois repas annuels, où il exaltait la vertu et la gloire du *héros;* mais aujourd'hui, le ministère toujours chancelant, toujours harcelé par des partis qu'il ne sait ni réprimer ni gagner, se rabat sur les préfets; il demande des rapports, des aperçus, des situations; il trace à ces pauvres préfets une conduite à tenir, une attitude à prendre, et il faut que tout cela soit combiné de manière à flatter, tantôt un doctrinaire, tantôt les libéraux, et à tromper le côté droit. Le ministère recommande surtout le jeu de la bascule ; il explique les rouages et les effets de cette admirable machine. Polidore veut la monter; il s'embrouille, et au lieu d'opposer les partis les uns aux autres, il les réunit tous contre le ministère et contre lui.

On lui ordonne de faire voter à son conseil-général l'établissement de l'enseignement mutuel; déjà même on lui a envoyé dans son chef-lieu de dignes et habiles instituteurs. Polidore donne en conséquence des dîners; il adoucit autant que possible la sécheresse de son organe et de ses manières; il fait remarquer aux membres influens du conseil-général, que ses jeunes enfans suivent depuis trois mois l'enseignement mutuel, et sont déjà en état de lire couramment *la Minerve* et *le Courrier*, il en fournit même la preuve; on sourit, quelques-uns paraissent enchantés; mais la plupart sont grands propriétaires, et l'expérience donnée par M. le préfet inspire des réflexions; ils pensent que le laboureur et l'artisan seront plus heureux de connaître leurs devoirs que les droits de l'homme, dont l'examen trop approfondi a déjà porté d'*actifs* citoyens à brûler les châteaux de citoyens moins *actifs*, c'est-à-dire plus riches; or, les membres du conseil-général possèdent des châteaux, et veulent être tranquilles. L'enseignement mutuel est rejeté tout d'une voix, et les frères de la doctrine chrétienne sont appelés. Polidore est désolé, il ne sait comment annoncer aux ministres ce désappointement; et pour préparer les voies, il fait rédiger par un de ses commis, et insérer dens le journal du département, un article tout à fait réjouissant contre les *ignorantins*. S'il avait même sous la main un poëte dramatique tant soit peu passable, il les ferait jouer sur le théâtre du chef-lieu; mais il doit bientôt sortir une pièce à ce sujet, du bon coin, des bureaux de *la Minerve;* on assure même que le fond en sera réellement neuf, et les amateurs prennent patience.

Enfin, arrive le grand jour des élections. Depuis que Polidore est préfet, il a reçu, au sujet de l'élection prochaine, un grand nombre de dépêches : tels, précurseurs de l'orage, des nuages épais s'amoncèlent à l'horizon. Le préfet abandonne à ses commis toutes les autres affaires pour ne s'occuper que de l'objet des sollicitudes ministérielles, et les administrés ne s'en trouvent pas plus mal. Cependant Polidore est aux abois, il ne sait ce que le ministre veut, il n'ose le lui demander, car, avec avec son gros bon sens, il soupçonne que le ministre ne le sait pas lui-même. On lui annonce des propagandistes, des missionnaires électoraux. Ces messieurs arrivent, Polidore les reçoit de son mieux, mais ils parlent un jargon inintelligible pour lui, et dans lequel pourtant il croit reconnaître le style de certaines dépêches. Il s'agit de faire nommer un tel, d'écarter celui-ci, ou de faire élire celui-là. En désespoir de cause; on multiplie à l'infini les patentes; et à l'aspect de cette prodigieuse quantité d'orfèvres, de bijoutiers, de tabletiers, on dirait que l'industrie et le commerce sont à un haut point de prospérité dans ce département. On ouvre les prisons; et tous ceux qui n'ont commis d'autre crime que d'avoir exprimé la haine la plus profonde contre le gouvernement légitime, sont transformés en électeurs. L'intrigue, les promesses, l'adulation, tout est employé pour faire tomber les choix sur quelques noms obscurs, candidats du ministère. Le préfet, le président du collége tiennent table ouverte; la province est dépeuplée de gibier, et tous les partis viennent prendre part à ces splendides repas. Enfin on est à la veille du grand jour. Polidore reçoit une dépêche dans laquelle le ministre lui déclare qu'il compte que les précautions ont été bien prises, que tels et tels seront nommés, et Son Excellence finit par dire nettement que tout préfet qui ne sait pas se rendre maître de l'opinion de ses administrés, est indigne de sa place...... Polidore pâlit. En vain ses commis, ses flatteurs (car les préfets en ont aussi) cherchent à le rassurer, Polidore passe une nuit cruelle. Le jour fatal arrive ; Polidore est instruit à point nommé de tout ce qui se passe ; on lui annonce que le collége électoral s'est ouvert aux cris : *A bas les nobles ! à bas les prêtres !* Il en conçoit un heureux présage pour la conservation de sa place ; il se tranquillise... Mais, hélas ! tous ces électeurs, si opposés par leurs opinions, s'étaient réunis pour prendre en horreur les candidats ministériels ; ils s'étaient laissé solliciter, avaient reçu des flatteries, des dîners, mais sans daigner traiter avec les agens ministériels ; des négociations s'étaient établies entre eux. Il en était résulté de mutuelles concessions, chaque parti avait porté à la législature le député qui lui agréait le plus, et les ministériels seuls avaient été honteusement exclus. Polidore est consterné, il attend, en tremblant, le président du collége. Celui-ci, un des candidats du ministère, rentre furieux à l'hôtel de la préfecture ; il lance à Polidore des regards d'indignation ; et lorsqu'il remonte dans sa chaise de poste, ses yeux semblent adresser au pauvre préfet ces vers de *Polyeucte :*

Adieu ; mais quand l'orage éclatera sur vous,
Ne doutez point du bras d'où partiront les coups.

En effet, quinze jours après, Polidore est destitué...... Il revient à Paris, mais toutes les portes lui sont fermées. Hélas! il ne peut même alléguer cette excuse naïve dont il se défendait en juillet 1815. Il s'étonnait, à cette époque, d'avoir été destitué. On lui faisait entendre que peut-être il n'aurait pas perdu sa place, s'il n'en avait pas accepté une pendant les cent-jours. Moi, répondait-il, je n'ai fait qu'obéir au ministre...... En effet, aux yeux de Polidore, qu'importe que ce ministre soit Chateaubriand ou Carnot, c'est toujours un ministre, et notre préfet est un parfait ministériel. *Le Moniteur*, depuis 1789, est son évangile politique, et il attend par la poste ce qu'il doit croire, faire ou dire. Mais que va devenir Polidore......? Il n'en sait rien, car il est indifférent à tout, et il se rend lui-même disponible. Que le ministère se maintienne ou tombe, que telle ou telle opinion domine, Polidore se présentera; il ne prend intérêt à aucun gouvernement, à aucun système, mais il veut une place.

CHAPITRE SIXIÈME.

Les ambitieux.

L'esclave n'a qu'un maître ; l'ambitieux en a autant qu'il y a de gens utiles à sa fortune.

(LA BRUYÈRE.)

L'AMBITIEUX, a dit un sage, ne trouve de repos que dans le sein de la terre. Sa vie est une fièvre continuelle qui le porte souvent au délire, et quelquefois à une fureur frénétique.

L'ambition, mélange d'égoïsme et d'orgueil, ressemble pourtant au Protée de la fable : elle a la souplesse des reptiles, la fierté du lion, la férocité du tigre, et la rapacité des vautours.

A côté de tous ces hommes qui ont une opinion fausse ou dangereuse, il convient de placer ces ambitieux dont l'essor a été entravé ou arrêté par la restauration. Comblés de faveurs à la cour d'un despote tout-puissant, ils en virent la chute avec douleur, non qu'ils l'aimassent, mais parce que leur règne finissait avec le sien. Il fallut renoncer à cette perspective brillante de conquêtes, de majorats, de dignités et de richesses. La France, réduite à ses anciennes limites, l'établissement du régime constitutionnel, firent perdre à ces hommes l'espérance d'augmenter leur fortune ou de ressaisir le pouvoir. Ils regardent sans cesse, avec un vif sentiment de regret et d'envie, ces palais somptueux, où naguère ils occupaient, au sein d'une cour brillante, les postes les plus élevés. Ils ne forment qu'un seul vœu, c'est d'être encore soufferts à la cour. Ils se contenteraient même de n'avoir qu'une faible apparence de crédit. L'approche du souverain, la fréquentation des grands, l'étiquette des palais, l'honneur d'y être compté pour quelque chose encore, adouciraient l'amertume de leur déchéance. L'ambassade la plus insignifiante leur procurerait les illusions de la faveur, et la présidence d'un collége électoral les ferait aspirer à la pairie.

Ce superbe esclavage des cours, que le sage évite, est, pour ces ambitieux, une seconde existence. Leur désespoir est de ne plus se mêler d'intrigues, de ne plus se disputer les bienfaits ou les regards du souverain. Courtisans par essence autant que par habitude, ils ne voient rien au-delà des salons des Tuileries. Le soin important de captiver ou de surprendre la faveur du monarque, est l'occupation de toute leur vie, et vivre loin de la cour est pour eux un enfer anticipé.

On pourrait croire qu'avec de pareilles dispositions, le petit nombre des grands seigneurs de la cour de Buonaparte, qui n'ont point d'accès à celle des Bourbons, serait parfaitement disposé à ourdir des trames en faveur de cet usurpateur. Je crois que ces hommes peuvent en avoir le désir, mais ils n'en ont aucuns moyens. Objets d'une sévère et continuelle surveillance de la part de leurs anciens confrères, qui, plus heureux ou plus adroits, se sont maintenus à la cour, aucune de leurs démarches n'échapperait à l'autorité; ils se connaissent d'ailleurs trop bien pour se confier réciproquement leurs projets; ils savent que la moindre prévenance faite par la cour à l'un d'eux suffirait pour le porter à sacrifier tout son parti, afin de se faire un mérite et de reprendre le chemin de la fortune. Ils ont voulu, une fois, employer les révolutionnaires. Le 20 mars a réussi; mais l'expérience des cent-jours les a dégoûtés de s'abandonner à de tels agens. Ces grands seigneurs ont trop d'expérience eux-mêmes des révolutions, pour ignorer que ceux qui les font n'ont d'autre but que de dépouiller, en dernier résultat, les ambitieux qui les ont mis à l'œuvre, et de prendre leurs places ; ils se contentent donc, au sein d'une obscure opulence, de suivre avec les plus grands ménagemens quelques misérables intrigues. Cette occupation trompe plutôt leur oisiveté qu'elle ne leur donne de satisfaction ou d'espérance. Quelques-uns essaient encore de se concilier la faveur des hommes puissans. On les voit souvent dans les antichambres; le désir immodéré de reparaître à la cour leur fait recevoir, avec un air calme et riant, les superbes dédains, les regards humilians de protection des favoris du jour. D'autres, plus adroits, veulent se faire craindre sans se compromettre ; ils briguent les suffrages de leurs concitoyens pour les représenter dans la législature ; ils se font alors libéraux tant bien que mal, jusqu'à ce que la cour juge à propos de les rendre esclaves du pouvoir en les distinguant de la foule.

C'est dans le nombre de ces derniers qu'il faut ranger *Protésilas*. C'était, il y a quelques années, un personnage important. Peu connu dans nos troubles révolutionnaires, le rang qu'il occupait à cette époque n'était pas assez élevé pour l'exposer à la persécution. On le comptait cependant parmi les hommes bien nés, et il fut, sous le régime de la terreur, l'objet de quelques vexations obscures. Protésilas appartient tout entier au gouvernement qui a fini en 1814; il est sorti de l'obscurité pendant le consulat, et s'est rapidement élevé depuis aux honneurs. Courtisan souple et délié, il sut un des premiers saisir parfaitement les goûts et le ton du maître. Rien n'était impossible à son zèle, et le despotisme n'eut jamais de plus ferme appui; il semblait mettre tant de bonne foi à exalter les vertus et la *clémence* de son héros, que ceux qui l'écoutaient se contraignaient pour ne point en rire, persuadés que Protésilas était insensé, ou se livrait à un cruel persiflage.

Protésilas possédait une autre qualité bien précieuse à la cour d'un despote usurpateur; il s'était si bien rompu à l'étiquette et à la servilité, que vous auriez dit, en le voyant, que Protésilas, quoique d'un âge mûr, avait toujours encensé les mêmes maîtres, et voyait manifestement le signe de la souveraineté empreint sur leurs augustes faces. Ses respects, ses plus basses flatteries paraissaient si naturels, et tellement dégagés d'étude et de contrainte, que les majestés et les altesses plébéiennes qui en étaient l'objet, avaient perdu avec lui, plus qu'avec tout autre, l'air d'étonnement et d'embarras que leur causèrent d'abord des hommages si nouveaux; elles lui en surent bon gré, et Protésilas fit un chemin rapide. Il se voyait en 1814 chargé d'une grande administration, décoré de plusieurs cordons et enrichi de magnifiques majorats; c'était, en un mot, un très-grand seigneur, et il en jouait parfaitement le rôle. La restauration le surprit au milieu du cours de ses prospérités, et ne sachant comment tourneraient les choses, il ne témoigna ni intérêt ni mépris pour son ancien maître, et se retira dans ses terres. L'ambition et le mécontentement l'y suivirent; là, entouré de quelques amis, il censurait amèrement les actes du gouvernement royal; il essayait pourtant, par des voies indirectes, de faire connaître son existence aux ministres, d'offrir ses services et de donner son assurance de son entière conversion aux principes de la légitimité. On savait par les gazettes que son château avait été illuminé le jour de la Saint-Louis, et mille autres petits traits semblables. Piqué de n'avoir pas été du nombre des sénateurs-pairs, il attendait les prochaines élections pour entrer à la Chambre des députés; il ne savait à quoi attribuer les marques d'indifférence qu'on lui prodiguait; il voyait le ministère du Roi s'occuper sans relâche à remonter le gouvernement de Buonaparte, et s'entourer des vétérans de la révolution ou des Tigellins de l'usurpateur. Protésilas crut, avec quelque apparence de raison, qu'il était victime d'une injustice criante, et vint à Paris pour se mettre en évidence. Soit qu'on l'eût un peu oublié, soit qu'un reste de pudeur empêchât le ministère d'accueillir un homme notoirement connu pour un des plus fermes appuis de la tyrannie de Buonaparte, ou plutôt que d'anciens ressentimens de courtisan s'élevassent contre lui, Protésilas trouva peu d'accès à la cour et aux salons des ministres. Ne sachant que faire, désespéré de voir tous les visages froids ou toutes les portes fermées à son approche, Protésilas se réduisit à reprendre les élémens du métier, à recommencer ce qu'il faisait il y a vingt ans. On le vit donc attendre assidûment, comme le commun des aspirans à la fortune, l'heure de la messe au château des Tuileries; il pénétrait jusqu'aux salles réservées, à l'aide des cordons dont il était décoré. Affable envers tout le monde, il s'attachait pourtant à ceux qu'il croyait en crédit, et qu'il voyait quelquefois passer jusque dans le cabinet du Roi. Comme il était fort connu, on causait volontiers avec lui, et Protésilas avait soin de parler des moindres rapports qu'il pouvait avoir avec l'ancien régime; tantôt il citait une circonstance de la vie de nos Princes, il en rappelait tous les détails, parce qu'il s'y trouvait mêlé; d'ailleurs l'abbé de ***, son oncle, et prédicateur ordinaire du Roi, lui avait obtenu une charge honorable chez tel prince; lui-même, sincèrement attaché à Louis XVI, s'était exposé aux plus grands dangers pour porter à ce Prince, trois jours avant le 10 août, un avis important qui eût sauvé la monarchie si on y avait fait attention. C'est à raison de ce trait de fidélité qu'il fut persécuté sous le régime de la terreur. Protésilas racontait tout cela sans affectation; il fallait qu'on le mît sur la voie pour qu'il s'en rappelât; il soutenait cette conversation avec le ton aisé d'un homme de cour; il n'avait pas l'air d'un postulant; au contraire, il paraissait enchanté de son honorable repos; mais il faisait cependant comprendre qu'il a des liaisons, d'anciens souvenirs et des rapports de naissance avec beaucoup de fidèles serviteurs du Roi, et qu'il figurerait parfaitement dans les conseils de Sa Majesté. Lorsqu'au milieu de toutes ces causeries la famille royale paraissait pour traverser les salons, Protésilas quittait ses interlocuteurs, se plaçait en première ligne, ou se dressait sur la pointe des pieds, si quelqu'un était devant lui. Sa figure respirait une respectueuse hilarité ; il saluait profondément les augustes personnages, remarquait avec soin si l'un d'eux ne demandait pas qui il est, ou si quelqu'un du cortége n'avait pas l'air de dire : *Monseigneur, c'est le fameux N.....* Habile à saisir toutes les nuances de la physionomie, Protésilas voyait sur le champ quel effet avait produit cet incident, et d'après ses conjectures, il se retirait mécontent ou enchanté. De la messe, Protésilas passait aux antichambres des Princes; il était toujours le premier à leurs audiences. On a prétendu depuis que Protésilas, en sortant des Tuileries, allait dans d'autres sociétés prendre part à certaines correspondances, et former certains projets ; on croit même qu'il faisait partie du club de la rue Cérutti; mais cela n'a jamais été bien prouvé. Quoi qu'il en soit, le 20 mars surprit ou plutôt trouva Protésilas sur l'escalier des Tuileries ; il n'en redescendit pas les degrés; mais il se rangea contre la muraille pour saluer son ancien maître, et l'accompagna dans son cabinet; on l'en vit sortir quelque temps après pour aller remplir de hautes fonctions.

Voilà encore une fois Protésilas au comble de ses vœux. Il rédigea des circulaires, des rapports, des adresses, et s'acquitta fort bien de sa charge. Néanmoins l'aspect des fédérés lui fit peur; les acclamations d'une vile populace, qu'il fallait même payer, la tournure révolutionnaire que prirent les choses, lui donnèrent des inquiétudes; la cour, revêtue des livrées du jacobinisme, perdait toute espèce d'attraits pour Protésilas; il voulait être grand seigneur, mais non pas grand fonctionnaire d'une république, car il n'est jamais entré dans la tête de Protésilas les moindres élémens de la démocratie. Il commençait donc à former le projet d'une prompte et prudente retraite, lorsque le 8 juillet arriva. Protésilas s'aperçut bientôt que la plus brillante carrière s'ouvrait devant lui. Il sentit la faute qu'il avait commise en 1814; et loin de se réduire au rôle humiliant de pilier d'antichambre, il se fit frondeur; il se ligua ouvertement avec les plus chaudes *victimes* de la *terreur* de 1815; et quoique les libéraux et leurs idées lui fassent horreur, il sentit que ces gens-là menant le ministère, il en résulterait une crise. En effet, l'ordonnance du 5 septembre vint réaliser les efforts du parti, et Protésilas prit une consistance réelle. Porté tout d'une voix à la Chambre, il s'y montra tantôt libéral, tantôt ministériel, s'approcha de la droite, du centre, se fit craindre, enfin parvint à jouer un rôle. Il a presque repris aujourd'hui son ancienne importance; on le recherche, il avance rapidement; on le voit aux cercles de cour; il est des voyages de Saint-Cloud; il assiste au lever, et on le remarque aux présentations des ambassadeurs; les ministres lui font un accueil distingué, et il passe pour avoir du crédit. Déjà son antichambre se remplit de solliciteurs, il donne même des audiences. Protésilas se croit heureux.

CHAPITRE SEPTIÈME.

Les flatteurs.

. . . . Présent le plus funeste
Que puisse faire aux rois la colère céleste.

FORTIFIEZ-VOUS d'une dose considérable d'égoïsme, rendez-vous inaccessible à la pitié, armez-vous d'impudence, mais sachez aussi descendre jusqu'à la bassesse la plus flexible, et vous réussirez infailliblement près des révolutionnaires et des tyrans.

Si la bassesse et la flatterie sont méprisables chez tous les hommes, ces vices sont encore plus odieux, lorsqu'ils se rencontrent chez les gens de lettres. De tout temps les poëtes et les historiens mêmes ont été enclins à l'adulation; mais il appartenait à ce siècle inventif d'avoir fait de la littérature une institution d'Etat, ou plutôt un moyen de gouvernement et de tyrannie. Jusqu'à présent les gens de lettres flattaient les princes pour en obtenir des pensions; ils agissaient isolément, et l'on ne s'était pas encore imaginé de les organiser administrativement. Le despotisme révolutionnaire, ingénieux à profiter de tout, s'est emparé militairement de la littérature comme de toute autre chose; il l'a réunie à son domaine, il en a fait une des prérogatives fondamentales du pouvoir souverain, et s'en est servi pour dominer l'opinion et pervertir les peuples, comme il se servait de ses armées pour conquérir et dépouiller les nations étrangères. Pour la première fois, les gens de lettres ont connu entre eux une hiérarchie et des distinctions autres que celles établies par les talens. Il y eut en littérature des grades, des dotations, des préséances, comme dans l'ordre politique. Le souverain s'en était réservé la distribution comme celle des bénéfices. Le seul mérite littéraire était un titre insuffisant et même nul, pour parvenir aux postes distingués de *l'arme;* l'adulation ou bien un talent tout particulier pour propager le mensonge faisaient les meilleures recommandations; la littérature n'était plus qu'une espèce de direction générale dépendant du ministère de la police. Ce fut le complément de la politique de ce despotisme qui prétendait tout corrompre et tout avilir, afin que rien au monde ne possédât une force physique ou morale supérieure aux siennes.

Tigellin est un homme de lettres; le fait est positif; il en a eu le brevet dans les temps où chaque classe de la société était organisée en régimens de toutes couleurs et de toute espèce. Tigellin fut donc placé dans la brigade littéraire destinée à devenir l'arrière-ban, et même à marcher en cas de besoin. Servile imitateur du genre de son maître, il sut convertir en ministère, et réduire aux formes administratives ces effets du génie qui donnent à une nation des poëtes et des historiens, qui demandent, pour éclore, l'indépendance, mais qui paraissent rarement lorsqu'ils sont commandés ou payés, et encore moins lorsqu'on prétend les asservir à un esclavage honteux. Tigellin, fou des doctrines du siècle, s'imagina que l'on pouvait appliquer à ces fleurs de la gloire nationale les formes arides et sèches de la bureaucratie. Il voulut, en philosophe économiste, tirer le *produit net* de la littérature, créer une matière littéraire, l'administrer comme une branche des droits réunis, et faire des écrivains à diplomes, comme on brevetait alors un sous-lieutenant ou un auditeur. Ce projet lumineux plut au maître; il jeta sur Tigellin un regard de faveur, et le fit ministre de la pensée. Il assigna pour ce ministère des croix, des pensions sur les journaux et des lettres de cachet. Il recommanda à Tigellin de travailler l'esprit public, de faire l'opinion suivant les ordres qu'il recevrait, et surtout d'exercer une exacte surveillance. Il lui remit en même temps, pour investiture de sa charge, une énorme paire de ciseaux. Tigellin, flatteur adroit de toutes les passions des grands, humble esclave du despotisme, et dévoré d'une insatiable cupidité, méritait ce haut degré d'honneur. Il se fit gloire de remplir les intentions de son maître; chaque genre eut ses bureaux et ses censeurs. La poésie, déjà assez gênée par la difficulté de la rime, se trouva encore restreinte à ne plus s'exercer que sur un seul sujet, les louanges du héros de Tigellin. L'histoire fut mutilée et réduite à la seule faculté de copier les bulletins de la grande armée. Tigellin avait pris pour adjoints des gens dévoués à ses volontés; mais il s'était réservé les journaux. C'est là que ce directeur-général du mensonge trouve les titres de sa gloire. Panégyriste de toutes les criminelles folies d'un tyran, il déversait le blâme et l'opprobre sur les réputations et les vertus qu'il avait ordre de flétrir. Il inondait en même temps l'Europe de tout ce que l'art de tromper les peuples a imaginé de plus odieux. Organe du machiavélisme de son maître, tantôt il répandait les soupçons et les inquiétudes, tantôt il inspirait une fausse sécurité, ou, insultant à la misère publique, il divinisait toutes les conceptions du tyran, depuis la conscription jusqu'aux levées en masse. Fléau du génie et des gens de lettres, un ouvrage n'échappait point à ses ciseaux mutilateurs, s'il n'avait pour but de louer son héros. Cette condition était de rigueur; et depuis les distiques de M. F***, jusqu'aux énormes histoires de M. F. D. O., tout avait besoin de ce passe-port.

Mais détournons les yeux de ce tableau, et examinons Tigellin présidant son tribunal d'inquisition littéraire. Il s'agit de juger une pièce de théâtre. Depuis un an elle est dans ses cartons; il en faudra encore deux pour que les comédiens veuillent bien en écouter la lecture, et quatre ou cinq avant qu'elle soit représentée; de sorte que l'auteur peut en recommander le succès à la postérité. Tigellin consent donc à se la faire lire. Le titre d'abord n'en paraît pas bien sonnant; on peut y trouver des allusions, et un érudit du terrible aréopage observe qu'à la Bibliothèque impériale il existe, sous tel numéro, une vieille comédie satyrique, imprimée à. . . . . . en 15. . . . . et jouée aux Halles de Paris par les frères de la passion, dont le titre se rapporte à celui de la pièce en lecture; or, cette ancienne comédie est une diatribe dirigée contre Charles-Quint, lequel était empereur..... A ce mot chaque inquisiteur baisse la tête, Tigellin salue profondément le buste de son maître; le titre de la pièce est supprimé; on continue la lecture. Dès la première scène, un valet parle avec un peu trop de franchise; il se permet quelques réflexions d'antichambre qui paraissent hardies; la cour pourrait s'en formaliser: rôle à refaire. Dans le courant de la pièce, le *raisonneur* s'émancipe jusqu'à faire certaine remarque; c'est un bon propriétaire qui veut du repos, et marier son fils, jeune homme de vingt ans. Réformé, et injonction à l'auteur de mettre dans la bouche de ce père de famille l'éloge de la conscription, et le désir de faire de son fils un sous-lieutenant de dragons. A la seconde scène du troisième acte, le tripot de censure se trouve dans le plus grand embarras. Un des personnages proclame une doctrine religieuse; Tigellin passait cet endroit sans le remarquer, lorsqu'un de ses collègues lui observe que l'empereur, dans une occasion solennelle, a prononcé une phrase dont le sens est diamétralement opposé à ce passage de la pièce. Un autre inquisiteur prend la parole, et observe à son tour, que la veille se trouvant au tir dans la forêt de Saint-Germain, il a entendu l'empereur faire, au sujet de sa chasse, une plaisanterie où l'on trouvait telles et telles expressions qui se rapportaient parfaitement aux intentions exprimées par l'auteur. Grande perplexité...! Messieurs les censeurs ne veulent pas se compromettre; ils examinent le cas, et enfin, après mûre délibération, arrêté que Tigellin prendra les ordres du ministre de la police. Au quatrième acte, l'auteur s'était permis d'introduire un ridicule assez commun; c'était une petite maîtresse, qui, indifférente pour son mari et ses enfans, ne trouvait de sensibilité qu'en faveur d'un petit chien charmant qui faisait ses délices. Le comité de censure se déride à cette innocente plaisanterie, il l'approuve; et comme dans sa généreuse libéralité, il trouve fort juste de livrer au moins les chiens à la discrétion des poëtes, il applaudit à l'idée de l'auteur. On va donc donner à ce passage la plus ample approbation, lorsqu'au milieu de ce chorus d'éloges, Tigellin remarque qu'un de ses collègues conserve un front sévère et un maintien glacé. Qu'avez-vous, N***, lui dit-il, et que trouvez-vous à reprendre ici....? Imprudens approbateurs! s'écrie N***, qu'allez-vous faire....? Lisez..! A ces mots, il sort de son portefeuille un petit chiffon de papier parfumé d'ambre. Tigellin le déploie avec une inquiétude visible, et lit ce grifonnage presque indéchiffrable, encadré dans une élégante vignette.

« Je viens d'apprendre, mon cher N***, « qu'hier un petit auteur se permit de lire, chez « la comtesse Croquet, je ne sais quelle co« médie où il tourne en ridicule une *jeune* « femme qui aime un petit chien. Vous m'a« vouerez qu'une pareille licence est une hor« reur, et qu'on ne peut tolérer ces choses-là. « Chacun sait le prodigieux attachement que « j'ai pour *Bibi*, et la pauvre bête le mérite « bien. Ne serait-il pas affreux que de mau« vais plaisans fissent à mon égard des allusions « malignes? c'est à frémir, et il faut empêcher « ce scandale par votre censure. Je n'ignore

« pas que vous êtes un homme charmant, et « vous me le prouverez dans cette circons-« tance.

« La duchesse ***.

A cette lecture, le tripot reste interdit, confus. On se promet de ne pas divulguer l'approbation indiscrète donnée à ce passage, qui est bâtonné à l'encre rouge sur le manuscrit. Enfin l'examen de la pièce s'achève, et Tigellin fait savoir à l'auteur que s'il veut changer le titre, refaire ou supprimer le troisième et le cinquième actes de sa comédie, cent cinquante vers pris dans telle ou telle scène, changer deux caractères, et refondre cinq à six tirades, sa pièce pourra être admise. A la suite de la séance, Tigellin a soin d'extraire du manuscrit mutilé, tous les vers, toutes les pensées qui peuvent lui servir dans la suite pour ses propres ouvrages.

Pour compléter la peinture de ce terrible comité, voyons-le juger une pièce de circonstance. Quelle finesse, ou plutôt quelle bassesse d'instinct, pour apprécier les louanges prodiguées à son héros! Ce vers exprime bien la gloire du vainqueur, mais il est d'une acception trop générale. Il faut qu'il désigne plus particulièrement l'homme. Cet éloge est trop faible, il faut qu'il aille à l'apothéose. Ce vers est élégant, mais il faut engager l'auteur à le supprimer, et à rimer une des mémorables paroles du héros; pourquoi ne trouvons-nous pas d'ingénieuses allusions au brûlement des marchandises anglaises? Les expressions naïves de l'amour des jeunes conscrits pour les soins paternels que leur prodigue le favori de Mars? Allons, que l'auteur refasse sa pièce; il est au-dessous de son sujet, l'allégorie est trop soutenue, les voiles n'en sont pas assez diaphanes.

Les contemporains ne sont pas les seules victimes que Tigellin sacrifiait à l'ombrageuse politique de son maître, et il lui en immolait de plus illustres. Racine, Corneille et Voltaire lui-même tombaient sous ses ciseaux barbares; il supprimait impitoyablement tout ce qui pouvait se rapporter à la haine des tyrans, au respect pour les mœurs, et encore ces mutilations n'étaient-elles pas définitives. Elles suivaient le cours des circonstances; tel passage supprimé reparaissait sur la scène à une autre époque. Tel autre que l'on applaudissait la veille, est rayé le lendemain. Cependant, Tigellin se pique d'être auteur : on prétend qu'il est poëte; je ne dirai pas tout ce qu'il est en ce genre; il faudrait récapituler bien des choses : il vaut mieux examiner ce qu'il est devenu.

Les redoutables ciseaux tombèrent des mains de Tigellin à la chute de son maître, et aujourd'hui, qui le croirait! il s'est fait...... libéral! Réfugié, avec la plupart de ses collègues, dans une jacobinière, il écrit sur la liberté, la générosité, la clémence, et crie à l'oppression ....! *Risum teneatis* ......! Tigellin, me direz vous, est donc devenu fou?... Non, Tigellin est toujours le digne valet de son maître. Chargé par lui d'infester l'Europe de doctrines antisociales, il continue d'exécuter son mandat; il déclame contre la religion et les mœurs, parce que c'est en profanant le sanctuaire, et en outrageant la morale publique, que son maître croyait pouvoir régner. Il traite d'absurde le dogme salutaire de la légitimité, parce que son maître était un usurpateur; il appelle à grands cris une révolution, parce que son maître est le fils de la révolution, et que cette tendre mère conserve encore pour son enfant gâté les meilleures intentions. Ne nous étonnons donc point du rôle que joue Tigellin ; il est naturel. Cependant, comme Tigellin porte encore l'empreinte du collier de la police impériale, ses déclamations n'inspirent que du mépris. Opprobre de la littérature, dont il fut le tyran, les gens de lettres le regardent avec horreur; mais l'audace de Tigellin aura sans doute un terme; on ne souffrira pas toujours que cet apologiste de toutes les tyrannies, insulte avec impunité aux institutions sociales; il faut l'espérer, et c'est à cette époque que Tigellin rentrera dans l'obscurité. Que fera-t-il, que deviendra-t-il alors? Il offrira encore ses services à la police, ou se retirera du monde, sans y laisser de traces ni de vide.

CONCLUSION.

Après avoir examiné séparément les diverses opinions qui agitent nos contemporains, il nous sera facile, en rassemblant tous ces élémens, de nous faire une idée du caractère distinctif de ce siècle; le phénomène qu'il nous présente est digne de l'attention de l'observateur. Quoi de plus étonnant, en effet, qu'une nation à laquelle une cruelle expérience a démontré le vrai et le faux, le bon et le mauvais de toute espèce de doctrines morales et politiques, et qui cependant hésite encore sur les principes les plus certains, sur ceux même que le bon sens, à défaut de l'expérience, indique comme utiles ou dangereux. L'histoire nous fournit des exemples de quelques peuples qui, oubliant les évènemens des siècles passés, se sont livrés aux mêmes erreurs qui avaient causé les désastres de leurs ancêtres; mais il n'a jamais existé de nation qui, après avoir, comme la nôtre, reçu l'épouvantable leçon d'une révolution, semble prendre à tâche de vouloir recommencer après quelques années de calme; on dirait que, depuis 1814, la France a été submergée par un débordement du Léthé; on a tout oublié; il faut encore rappeler et même démontrer aux hommes qu'il existe un Dieu; on est obligé de leur prouver le danger, le néant et le ridicule d'un tas de sophismes révolutionnaires dont une affreuse expérience a vingt fois démontré la fausseté. La philosophie, d'accord avec la rel gion, est réduite à reproduire les plus simples élémens du bonheur social, à enseigner de nouveau des vérités connues de toute la terre, et qui cependant trouvent parmi nous de nombreux et d'opiniâtres contradicteurs. Sommes-nous donc rétrogradés jusqu'au siècle de nos sauvages aïeux, et, semblables aux farouches soldats de Clovis, n'avons-nous jamais senti la nécessité de l'ordre politique, la sublimité des préceptes et des dogmes de la religion ? Nous nous vantons des perfectionnemens de notre civilisation, nous sommes fiers de notre industrie et de nos arts, la Providence nous a fait subir les plus terribles épreuves, et cependant, malgré tous ces avantages, nous sommes fort inférieurs à ces premiers conquérans de la Gaule, qui aimèrent et suivirent la vérité dès que sa lumière eut frappé leurs yeux. On s'indigne de voir un peuple encore tout froissé et tout ensanglanté par la guerre civile, les invasions et les proscriptions, éprouvé par les plus cruelles tyrannies et tous les fléaux de la colère céleste; l'on s'indigne, dis-je, de voir ce peuple revenir au même délire, proclamer les mêmes impiétés qui ont produit tous ses malheurs. Quel siècle, grand Dieu! que celui où la folie reste stationnaire en dépit de l'expérience! Une grande partie de cette déplorable nation porte encore les marques des coups de l'anarchie, et pourtant une foule d'hommes connus par leurs talens et leurs richesses, emploient tous leurs moyens à soulever les passions de cette aveugle multitude, dont ils seraient les premières victimes! L'expérience la plus récente leur démontre ce danger; mais ils sont aveugles et sourds. La désastreuse ambition d'un tyran égoiste, après avoir ravagé la patrie pendant quatorze ans, l'a livrée au glaive de l'Europe irritée; et malgré cette douloureuse épreuve, des insensés font du nom de ce tyran le mot de ralliement des factions! Un nombre prodigieux d'écrivains, d'orateurs, et des hommes de toutes conditions s'occupent encore à discuter gravement sur la souveraineté du peuple, la liberté, l'égalité, sur les droits, et jamais sur les devoirs des citoyens. On s'annonce comme *libéral*, on se vante d'être indépendant, et, par un septicisme inexcusable aujourd'hui, on remet en litige toutes les prérogatives du pouvoir. On établit sérieusement la légitimité des gouvernemens de fait, et il semble que l'on conteste celle du gouvernement légitime, ou du moins l'on feint de ne pas comprendre cette expression. On traite toutes ces belles choses dans des brochures, dans les salons, dans des cours publics. Depuis le château du grand seigneur, jusqu'à la chaumière du pauvre, on voit des pamphlets, et l'on y entend déraisonner sur la religion, sur le gouvernement, sur la Constitution, comme si toutes ces grandes doctrines politiques n'avaient pas été approfondies et savamment développées par les guillotines de Robespierre, les déportations du Directoire, l'incendie de la Vendée et de Saint-Domingue, la conscription de Buonaparte et le pillage des cosaques! Ces monumens authentiques ne sont-ils pas les archives du libéralisme, ne suffisent-ils point à sa gloire...? Quel vertige, et qu'il est difficile d'apprendre quelque chose aux hommes! Je conçois qu'en 1789 il s'est trouvé beaucoup de personnes qui se livraient à toutes les spéculations du libéralisme, l'expérience n'existait pas encore, et il n'est donné qu'à un petit nombre d'hommes de calculer, sans ce secours, le résultat des évènemens; mais il n'appartient qu'à des fous de vouloir se rejeter dans l'abîme dont ils sont à peine sortis.

Telle est cependant la pitoyable manie, ou plutôt le caractère général de ce siècle; on ne se souvient de rien, et l'on court résolument sur l'avenir sans faire aucune attention au passé. Ce débordement d'inconséquence date de 1814, et la manifestation de cette maladie, immédiatement après le règne de Buonaparte, nous indique en même temps les moyens de la guérir. Le régime impérial était dur et barbare, ou plutôt il était devenu tel; les commencemens en furent fermes et prudens, et tous les partis étaient sagement contenus. C'est à cette prudence, à cette fermeté également éloignée du despotisme et de la faiblesse, qu'il faut revenir. Les divers ministères ont été, depuis 1814, célèbres par leur mollesse, leur incurie et leur incapacité. Toujours incertains en vacillant dans leurs démarches, ils n'ont su inspirer ni confiance aux honnêtes gens, ni crainte aux malveillans. Leurs lois organiques n'ont souvent produit que le désordre, et leurs lois répressives n'ont jamais rien réprimé, parce qu'elles ne sont ni fortes ni sages. La bride à été lâchée à toutes les opinions, elles se sont heurtées et ont divagué tout à leur aise. Pour rendre raison de ce singulier vertige, on a représenté la nation comme accablée par la lassitude de la guerre, par la lenteur avec laquelle les transactions commerciales reprenaient leur cours, et enfin comme peu habituée encore au changement inattendu qui s'était opéré dans le gouvernement. On a dit ensuite qu'il résultait de cette position un malaise, une agitation vague qui se calmeraient d'eux-mêmes. Si quelque ministre a allégué ces excuses pour expliquer l'état de la nation, ou il s'est fait illusion à lui-même sur sa propre incapacité, ou il a cherché à la déguiser en trompant la plus auguste confiance. Il n'y a de vrai dans tout cela que le vertige qui agite toutes les têtes; mais il est faux qu'il provienne de toute autre cause que de la faiblesse des divers ministères qui se sont succédés depuis 1814. Leur devoir était de réaliser les intentions d'une haute sagesse; mais soit insuffisance de talens, soit paresse, ils ont aussi oublié le passé, et se sont créé, comme le reste de la nation, un avenir dans la région des chimères. La faiblesse a été leur caractère distinctif, comme l'inconséquence était celui du peuple. Ce dernier, réclamant sans cesse une part dans le pouvoir, oubliait qu'il n'avait jamais eu de maître plus cruel que lui-même, et les ministres semblaient ne plus se rappeler que flatter une nation ce n'est pas la gouverner, et que la justice s'appuie sur la force.

FIN.

ERRATA.

Page 42, *ligne* 9, *ruri*, lisez *rari*.

70, 9, hommes ambitieux, *lisez* hommes inquiets et ambitieux.

71, 11, n'aurait, *lisez* n'aura.

www.ingramcontent.com/pod-product-compliance
Ingram Content Group UK Ltd.
Pitfield, Milton Keynes, MK11 3LW, UK
UKHW020148200726
13856UKWH00003B/888

9 782011 747938